CRUSH!

Pubblicato in Italia per

FABBRI EDITORI

da Mondadori Libri S.p.A.

Illustrazioni di Roberta Bordone
Foto di copertina: @OfficialPaky
Management: Gigi Calcagno
Prima edizione: ottobre 2020

ISBN 978-88-915-8424-3

NADIA TEMPEST

MANUALE di SOPRAVVIVENZA al COLPO di FULMINE

FABBRI EDITORI

22:05
POST
SUPERCRUSH
PATATINE
22:05
CRUSH
POST

1 COS'È UNA CRUSH?

QUANTE VOLTE LO HAI SENTITO?

Hai visto quello? È la crush della mia amica!

Mi sono presa una supercrush...

Quanto vorrei essere la crush di qualcuno!

Crush, crush, crush, non si parla che di crush! E non è difficile capire perché… Esistono poche cose più emozionanti di una cotta micidiale, una di quelle che ti mette KO. E la crush è esattamente questo! Se quando incroci il suo sguardo…

Il cuore inizia a martellarti nel petto…

Le mani ti sudano a zampilli…

Hai le farfalle nello stomaco, anzi alle volte ti pare di aver ingoiato l'intero zoo…

Allora sei in piena crush. E questo significa che ci aspetta un bel po' di lavoro, mia cara tempesta!

E ORA, COME FACCIO?

Evita di andare nel panico o di farti travolgere dalle emozioni; anche se alle volte potrà sembrarti una maledizione (perché diciamoci la verità, da quando Cupido ti ha trafitto sembri meno intelligente di un'oca, hai i nervi di un tabagista a un festival salutista e la soglia d'attenzione ti è scesa sotto i piedi)... alle crush si sopravvive. Se ne esce: trionfanti, felici, soddisfatti, ammaccati, feriti, incavolati o anche indifferenti, ma se ne esce.

L'importante, per non farsi male, è non perdere mai il contatto con la realtà. Ogni innamoramento, proprio come un'influenza, deve fare il suo corso.

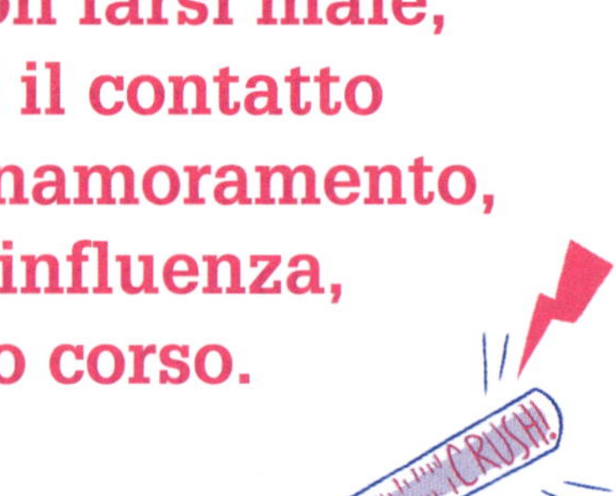

Perché che tu veda la tua crush ogni giorno oppure abiti a 12.000 chilometri da te, che sappia chi sei o non ti abbia mai nemmeno degnato di uno sguardo, che sia effettivamente meritevole di tutte le tue attenzioni o finisca per rivelarsi un tremendo abbaglio, rassegnati a questa idea: una crush, a lieto fine o no, non arriva né va via a comando. Del resto, non me lo sono inventato io: al cuore e allo stomaco non si comanda!

Con questo non intendo paragonare la tua cotta a un gustoso trancio di pizza (per quanto, diciamocelo, una Margherita bollente sia cento volte meglio di almeno la metà di tutti i nostri ex). Voglio solo dire che così come si mangia per tanti motivi (fame, golosità, noia, nervosismo o semplice sfizio) anche le crush possono avere le origini più disparate. Quante volte abbiamo scambiato (o scambieremo) delle semplici infatuazioni per l'amore della nostra vita? Infinite! Quindi, meglio cercare di restare il più possibile con i piedi per terra… almeno all'inizio. Altrimenti si corre il rischio di fare (o far fare a qualcun altro) la stessa fine di quella famosa pizza: amata per il tempo che serve a divorarla, e altrettanto

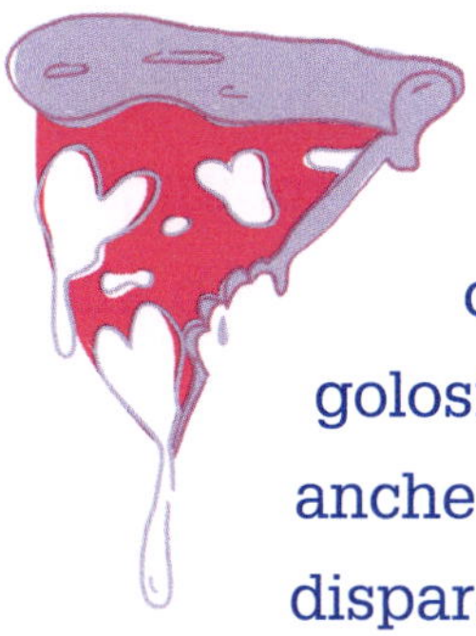

velocemente sparita.

Ricorda sempre che, per giudicare una persona positivamente o negativamente, decidere che vuoi scappare a Las Vegas con lei e immolare tutto quello che hai – soldi, computer, telefono, tempo, pazienza ed energie – sull'altare del Vero Amore dovresti prima conoscerla e frequentarla! Non dico di assumere un investigatore privato per scoprire anche quante volte al giorno va in bagno. Ti basta provare a vederla e a parlarci un po' più di qualche attimo nei corridoi della scuola o alla fermata dell'autobus.

• REC

CIAK! (NON) SI GIRA!

Ora che hai provato a passarci un po' di tempo insieme, potrebbe capitarti di cedere a una terribile tentazione… quella di farti i film! **ERRORE**. Lascia questa professione a chi sa farla. Ti chiami forse Spielberg? Non credo proprio.

Quindi evita di scambiare ogni banale dettaglio per il più importante indizio sulla tua crush. Il modo in cui una persona parla, gesticola o esprime dei concetti è fondamentale per quantificare il fascino che esercita su di noi, certo. Ma non può diventare un enigma esistenziale da risolvere un giorno sì e uno no. No, la tua crush non ha messo quella maglietta rossa perché sa che è il tuo colore preferito; probabilmente era l'ultima cosa pulita che aveva nell'armadio. No, non ha fatto tardi a scuola perché ha trascorso tutta la notte a sognarti; semplicemente non voleva uscire dal letto. Insomma, non ogni cosa che accade è un segno del destino che ti riguarda, quindi fartici i film è solo controproducente, anche perché nella maggior parte dei casi saranno polpettoni inguardabili senza capo né coda. Ancora una volta, concentrati sulla realtà: a volte regala emozioni migliori della più sfrenata delle fantasie.

Quindi sì, innervosisciti pure se per un giorno non riesci ad incontrare la tua crush, se non risponde ai messaggi o si comporta in maniera fredda senza un apparente motivo. Ma ricorda sempre che potrebbe essere solo un grande film proiettato nella tua mente, un mega drive-in in cui assisti alla storia d'amore che hai sempre desiderato ma che nella realtà potrebbe rivelarsi ben diversa da come te la immagini. Potresti scoprire che la tua crush non ti ricambia. Può darsi che a conoscerla si riveli diversa da come te l'eri figurata, e che smetta di piacerti... o che nonostante questo ti piaccia lo stesso. Le possibilità offerte dalla realtà sono infinite!

E TU, PIACI ALLA TUA CRUSH?

Spesso, quando ci piace qualcuno, andiamo alla ricerca ossessiva di indizi e segnali per capire se l'interesse per la nostra crush è ricambiato o meno. Inutile dire che il fatto di essere ostaggio della nostra infatuazione potrebbe portarci a fraintendere *leggerissimamente* alcuni comportamenti, a caricare *un pelino* certi atteggiamenti di significati inesistenti e a falsare *appena appena* la realtà. Qualche esempio?

> **"Gli ho scritto un messaggio e mi ha risposto dopo sei ore. Sta facendo il difficile per attirare l'attenzione."**

Ehm, non necessariamente. Magari era risucchiato da una maratona di Minecraft o dalla tesi di laurea. Magari aveva anche dimenticato che gli avevi scritto. Magari si è fatto una dormita?

"Ha messo mi piace a quella canzone di Ghali che ha postato il cugino della migliore amica di mio cugino, sarà mica perché voleva farsi notare da me?"

So che potrebbe sembrarti fantascientifico, ma magari gli piace semplicemente Ghali. Se volesse farsi notare da te, probabilmente ridurrebbe gli ottomila gradi di separazione che vi dividono!

I consigli che si trovano in giro, poi, non aiutano particolarmente.

Il web e le riviste sono pieni di guide che ti aiuterebbero a comprendere se la tua crush ricambia o meno l'interesse. Alcuni indizi sono quasi invisibili oppure, per noi innamorati persi, sfuggono letteralmente alla vista perché siamo troppo concentrati a notare altro.

Secondo alcune regole base della psicologia umana, una persona risulterebbe coinvolta se:

"Tende ad abbassare lo sguardo di fronte a un contatto visivo troppo prolungato."

Ma sul serio?! Cioè, io abbasserei di certo gli occhi di fronte a un suo sguardo troppo intenso. Semplicemente perché non mi piace essere fissata, mica perché sono innamorata! Forse penserei di avere qualcosa fra i denti o l'eyeliner sbavato, e interromperei il contatto visivo per vergogna, altro che flirtare!

"Quando siete vicini o vi parlate, si tocca i capelli o tende ad assumere una posizione composta raddrizzando le spalle e tirando in fuori il petto."

Toccarsi i capelli è uno stile di vita per molte ragazze e anche ragazzi. Nel mio caso, ad esempio, li attorciglio spesso fra le dita o li sistemo perché ho l'impressione che siano in disordine. Non vuol dire, per certo, che lo faccia per interesse nei confronti del mio interlocutore. Stessa cosa per quanto riguarda la postura. Spesso mi rannicchio se sono seduta o tendo a portare le ginocchia al petto come per protezione dall'imbarazzo che sto provando. E, forse, quell'imbarazzo lo crea proprio chi mi piace. Se chi è interessato a me si aspetta che inizi a sfilare come una modella di Victoria's Secret (pancia in dentro e petto in fuori) per dargli un segno del mio interesse, potrebbe anche invecchiare nell'attesa.

"Cerca il contatto fisico sfiorandoti le braccia o le mani, anche solo scherzando o prendendoti giocosamente in giro."

Il contatto fisico, anche giocoso, potrebbe essere un vero tabù per molti. Non è assolutamente detto che qualcuno possa iniziare a toccare a caso chi gli piace, anzi! Forse, sempre per la questione dell'imbarazzo, tenderà a prestare ancora più attenzione nell'evitare certi contatti.

#TIDICOUNSEGRETO

Mi ricordo che, una volta, quando avevo circa 15 o 16 anni sfiorai per sbaglio la gamba del ragazzo che mi piaceva mentre eravamo seduti in un bar con altri amici. Gli chiesi scusa tre volte. Mesi dopo scoprii che anche lui era interessato a me ma, probabilmente, la mia timidezza eccessiva doveva avergli fatto intendere che io non lo fossi affatto. Se al posto di essere così tesa e impostata fossi stata più rilassata e semplicemente me stessa, forse lo sarebbe stato anche lui nei miei confronti e sarebbe potuto nascere qualcosa. Insomma, chiedergli scusa una volta sarebbe più che bastato. La mia eccessiva tensione nei suoi confronti aveva raffreddato il suo interesse e, quando mesi dopo si fece avanti, fui io a rifiutare perché nel frattempo mi era passata la cotta. Non mi interessava più ed ero molto più tranquilla quando lo incontravo. Tutto ciò aveva spinto anche lui a rilassarsi e a vedermi sotto una luce diversa, quella di una ragazza disinvolta e non fredda come gli ero sembrata fino a quel momento. Probabilmente, fu proprio questo il motivo che spinse la mia ex crush a uscire allo scoperto con me. Peccato che io, ormai, fossi già passata alla crush successiva!

"Cercherà di screditare le persone del suo stesso sesso che trovi interessanti, elencandone i difetti. Tutto questo potrebbe essere il sintomo di una celata gelosia nei tuoi confronti."

Parlare non troppo bene di qualcuno, anche se sbagliato, è capitato a tutti. Soprattutto fra amici, si tende a fare un po' di gossip e a dire la propria con più facilità. Appunto, fra amici. Attenzione a non confondere delle semplici opinioni personali per segni d'interesse. Ci sono buone probabilità che la persona in questione stia semplicemente chiacchierando con te, fidandosi della tua discrezione e sfogandosi un po'. E se lo fa anche se non siete particolarmente amici, magari ti conviene chiederti: "Una persona che ha bisogno di parlare male degli altri mi piace davvero?".

"Se siete insieme in un gruppo o in una comitiva di amici tenderà a stare vicino a te o, al massimo, cercherà di essere rivolto dalla tua parte il più possibile."

Anche cercare di essere fisicamente vicini a una persona, da soli o in comitiva, potrebbe essere scambiato per un segnale d'interesse. Ma bisogna pensare che si sta vicini, volentieri, anche a quelli che consideriamo amici. Ci fa sentire più sicuri e a nostro agio in mezzo alla gente e dare per scontato che la vicinanza fisica significhi sempre essere ricambiati potrebbe trasformarsi in un errore fatale.

Detto questo, ho un TUTORIAL per te!

- ✓ *Prendi tutti questi consigli da rivista cheap.*
- ✓ *Ricopiali accuratamente su un foglio.*
- ✓ *Fatto?*
- ✓ *Molto bene.*
- ✓ *Ora prendi il foglio tra le mani...*

E strappalo in mille pezzi!

Te lo dico: quella roba è buona solo per la differenziata. Nonostante la scienza non menta e alcuni dei punti sopra elencati possano essere in qualche caso veritieri, dovresti sempre ricordare che ognuno è diverso e potrebbe adottare certi comportamenti a prescindere dal suo interesse nei tuoi confronti.

MY BFF

Dunque, dopo aver smontato ogni tua certezza, parliamo di quello che conta di più. Le sensazioni. E cosa c'è di più difficile del decifrare la emozioni di un'altra persona quando siamo già coinvolti emotivamente? Piccolo spoiler: nulla! È davvero un'impresa, perché ci siamo dentro fino al collo e rischiamo di attribuire alla nostra crush delle emozioni e delle sensazioni che sono solo nostre. Magari stiamo bene in sua compagnia, ci confidiamo con lei, ci scambiamo messaggi carini e ci divertiamo quando usciamo insieme. Ma lei ci ha già inserito nella sua friendzone da tempo, mentre noi continuavamo a pensare che nel suo cuore stesse nascendo un sentimento diverso.

Come decifrare quindi i sentimenti di una crush? Io faccio così: provo ad analizzare la situazione come se la guardassi da fuori. Insomma, faccio come se la persona che mi piace non fosse la mia crush, ma quella di una mia amica! Guardare alla situazione con l'occhio di un estraneo ai fatti aiuta davvero un sacco.

Pensaci. Quante volte ti è capitato di dire a un amico o a un'amica: "È chiaro che è pazzo di te, come fai a non capirlo?".

Questo perché, non essendo coinvolto in prima persona, riuscivi a valutare le cose con oggettività, cosa che qualcuno accecato dall'amore non riesce a fare.

Ecco, diventa la tua o il tuo best friend! Trasformati nel tuo compagno di banco, in tuo cugino o in tua sorella, insomma in una persona di cui ti fidi ma che è fuori da tutto quel groviglio sentimentale in cui sei rimasto ingarbugliato, e inizia a notare come la tua crush si pone nei tuoi confronti. Le piaci oppure no?

1 **È un tipo gentile con te oppure lo è con tutti caratterialmente?**

A Specialmente con me (wow!)

B Con tutti (non è che è un prete?)

C Con nessuno (ah, allora auguri!)

2 **In un locale pieno di gente si guarda intorno, cercando di farsi notare da qualcuno, o rimane più sulle sue?**

A Cerca di farsi notare e ci riesce (ahia)

B Cerca di farsi notare ma non ci riesce (ma poveretto!)

C Rimane più sulle sue (bel tenebroso o disadattato?)

3 **Diventa nervoso quando c'è troppo silenzio fra di voi?**

A Sì (sento puzza di crush!)

B No (che sangue freddo!)

C Non c'è mai silenzio tra di noi (prendere fiato no?)

4 Ti fa complimenti (non solo fisici ma, soprattutto, riguardanti il tuo carattere)?

A Sì, sempre (scusa, e stai ancora a fare i test?)

B No, figurati (mai 'na gioia, eh?)

C Qualche volta (forse pensa che si paghino)

Ed ecco i risultati:

Maggioranza di risposte A: Vuoi sapere se piaci alla tua crush o meno? Smettila di credere ai test.

Maggioranza di risposte B: Vuoi sapere se piaci alla tua crush o meno? Smettila di credere ai test.

Maggioranza di risposte C: Vuoi sapere se piaci alla tua crush o meno? Smettila di credere ai test.

Come per praticamente qualsiasi altra cosa che non sai e che ti interessa sapere, la soluzione è una sola: chiedi.

SCOPRITI, SE VUOI SCOPRIRE

Cosa c'è di male nel dare qualche input? Personalmente sono una grande fan di chi prende l'iniziativa, di chi si butta evitando di perdere tempo in lunghi film mentali. Negli anni ho imparato a farlo anche io, anche quando mi sembrava di saltare nel buio senza nessuna rete di protezione o con pochissime speranze di buona riuscita. Ma sono anche consapevole che non tutti riescono o se la sentono di azzardare un passo simile, soprattutto per timidezza o insicurezza. Ecco, non ti sto suggerendo di dichiararti inginocchiandoti di fronte alla tua crush con un mazzo di rose, ma solo di mandare dei segnali del fatto che, volendo, ci sarebbe disponibilità da parte tua. Ciò non vuol dire che devi attaccarti come una cozza allo scoglio! Semplicemente, se desideri che qualcuno faccia parte della tua vita, faglielo sapere. Vale per le crush come per le amicizie, e in generale per tutti gli affetti.

La sera, per esempio, potresti raccontargli come è andata la tua giornata e spingere la tua cotta a fare lo stesso.

Oppure potresti provare a scherzarci e prenderla un po' in giro giocosamente (tutti amano farsi una risata ogni tanto!).

Ma, soprattutto, cerca di essere dalla sua parte. Non solo perché dovrebbe venirti naturale, dato che si suppone che ti piaccia, ma anche perché aiuterà la tua cotta a fidarsi di te e a capire che vedi la vita con i suoi stessi "filtri".

ATTENZIONE, però: non significa che devi essere per forza accondiscendente. Stare dalla sua parte non vuol dire prendere sempre per oro colato ciò che dice! Ricordati che sei un individuo, hai le tue idee e la tua personalità. Cerca di dire sempre la tua opinione con educazione e rispetto, anche quando è diversa da quella della tua crush! Il carattere, alla lunga, è ciò che colpisce di più, e una persona che pensa con la proprio testa è infinitamente più sexy di chi si occupa solo del make-up o dei capelli ma, appena apre bocca, ha lo stesso appeal di una marmotta in letargo.

E SE NON FUNZIONA?

Se la tua crush sembra non rispondere molto bene a questo "piano", non insistere. Mai. Altrimenti risulteresti solo pesante e peggiorerai la situazione. La prova del nove l'avrai solo con un po' di freddezza improvvisa e, se c'è qualcosa di più, sarà la tua crush la prima a chiedersi: "Perché si comporta così ? Come mai mi sembra più distante?". A quel punto, se c'è interesse, cercherà un riavvicinamento, altrimenti ti consiglio di andare avanti per la tua strada senza forzare le cose.

La chiave è solo una nei rapporti: se ci tiene, ti cerca. E non c'è al mondo verità più grande. Se non ha interesse per te, trasformarti nel suo zerbino non cambierà le cose, anzi le peggiorerà. Rischi solo di ispirare pena! Ed è questo ciò che ti meriti? La pena degli altri? Te lo dico, meglio rimanere single a vita. Tanto, se siamo noi i primi ad amarci, non saremo mai soli. E siamo proprio noi stessi, credimi, la nostra crush più importante.

2 IL PRIMO APPUNTAMENTO

EHI, SONO QUI!

Sai qual è la malattia che colpisce più comunemente durante la "fase 1" di una crush? A me piace chiamarla "**Sindrome dell'Opossum**".

Hai presente l'opossum? È un adorabile animaletto peloso, una via di mezzo tra un criceto e un microcanguro, e ha una grossa particolarità: in situazioni di pericolo si sdraia a terra con le zampe all'aria e... si finge morto.

Morto. Andato. Stecchito. Kaputt. E così rimane fino a quando il pericolo dal quale cerca di proteggersi – un predatore, per lo più – non si è allontanato abbastanza da permettergli di scappare.

Ecco: l'opossum sei tu. Ma anche la tua crush potrebbe esserlo. Sai quante storie d'amore non sono mai nate perché nessuna delle persone coinvolte ha avuto il coraggio di fare il primo passo? Anche se sentiamo che un'intesa c'è, spesso abbiamo troppo timore di esporci e svelare i nostri sentimenti.

La paura può riguardare molte cose: si può avere paura di non piacere; si può mancare di autostima o di convinzione; si può peccare di orgoglio, pigrizia o timidezza. Il pericolo di rimanere delusi è talmente forte da pietrificarci.

E pur di non fare la prima mossa cadiamo al suolo a zampe all'aria, proprio come degli opossum!

Ora, però, guardati allo specchio: sei forse un marsupiale, tu? Hai il corpo ricoperto da pelliccia? Il muso di un similtopolino? La coda prensile? Non credo proprio. E allora, se posso darti un consiglio spassionato, RISCHIATELA.

Se hai una crush e vuoi conoscerla meglio, non avere paura di esporti.

NON CI SENTE? FAI LA PRIMA MOSSA!

Non dico di partire di serenata sotto il balcone, che sia chiaro.

Semplicemente, prova a mandare dei segnali.

Moltiplica le occasioni di incontro, anche in compagnia di altre persone.

Sii amichevole, tenta di stabilire con la tua crush un canale di comunicazione senza grossi doppi sensi o allusioni a chissà che.

E se tutto questo non basta perché la tua crush inizi a sospettare un tuo possibile interesse e ti chieda di uscire, chiediglielo tu! Non è mica fantascienza. Non c'è niente di male nel chiedere un appuntamento! Come dici? È proprio la parola "appuntamento" a metterti troppa ansia? Allora prova a vederlo (e a comunicarlo alla tua crush) come qualcosa di più easy, più casuale, più naturale.

Qualche dritta?
Basati sempre su ciò che sai.

La tua crush è appassionata di informatica?

Chiedigli di dedicarti un po' di tempo e aiutarti a installare questo o quel programma sul tuo computer.

La tua crush adora la musica dal vivo?

Invitala a venire con te a un concertino intimo, per il quale – ma che coincidenza! – ti ritrovi ad avere due biglietti gratis.

Insomma, un primo appuntamento non dev'essere per forza una cena ingessata a lume di candela. Può essere tante cose, anche solo sorseggiare una birretta al porto o tornare a casa insieme da scuola facendo un giro più lungo del necessario. Serve a conoscere e a farti conoscere, e soprattutto a capire se quelle farfalle che senti nello stomaco hanno davvero motivo di volare.

Quindi: sii farfalla. Non opossum.

E ORA CHE MI METTO?

Ricordati sempre che, se la tua crush ti ha chiesto di uscire (o ha accettato la tua richiesta, non fa nessuna differenza) era perché ti ha apprezzato nella tua versione quotidiana. Vi siete conosciuti a scuola, sull'autobus, a lavoro, all'università o durante qualsiasi altra normale attività? Bene, allora a meno che tu non vada abitualmente a passeggiare o a fare la spesa in tubino e tacchi a spillo, la tua crush non si aspetta certo di vederti arrivare all'appuntamento vestita da drag queen o incravattato come un maggiordomo.

Capisco che tu voglia presentarti al meglio, ma strafare rischia di disorientare la tua crush e, cosa ancora peggiore, di farti sentire a disagio durante tutto l'appuntamento.

Non dimenticarlo mai: gli abiti che indossiamo raccontano un po' chi siamo e come ci sentiamo. Per questo è importante sceglierli con attenzione in fase

di conoscenza. Attenzione: non sto dicendo che la tua crush abbia il diritto di giudicarti per quello che hai addosso. Nessuno ce l'ha (e se se lo arroga, quello è solo indicativo della sua superficialità)! Ciò che voglio dire è che solo se avrai addosso qualcosa che ti farà sentire a tuo agio sentirai la libertà di poterti esprimere per come sei veramente. È difficile comunicare la propria personalità mentre si è occupati a non farsi strangolare da un colletto rigidissimo o intrappolare da un super push-up!

Quindi: hai un paio di jeans comodissimi e che ti cadono come una seconda pelle?
Non fa niente se sono consumati. Se ti ci senti bene, mettili! E magari abbinali alla tua maglietta del cuore. Indossa quel braccialetto portafortuna che porti sempre agli esami. Metti il tuo profumo preferito. Scegli il tuo outfit in base a ciò che piace a te, e non in base a ciò che pensi possa o debba piacere alla tua crush.
Sentirsi bene con se stessi è il primo passo per stare bene con gli altri.

ATTENZIONE, non voglio dire che una ragazza che ha sempre portato i jeans non possa indossare una gonna o un paio di tacchi. Ma se non è nel tuo stile e non ti ci senti a tuo agio, non farlo solo per stupire qualcuno! Prova pure a indossare qualcosa che solitamente non è nelle tue corde. Esci senza paura dalla tua comfort zone. Ma cerca di non farlo quando c'è qualcosa che ti agita (come la tua crush a meno di un metro da te).

Significa che devi presentarti in tuta?

No. Significa che puoi modulare il tuo outfit mixando capi che ti fanno sentire a tuo agio con accessori più ricercati che magari non indossi quotidianamente: una borsa più carina, un paio di orecchini o una maglietta che ti fa sentire davvero al top. Pensa prima a mostrare ciò che sei, e non soffermarti solamente su come appari. È questo che ti renderà sexy: fidati.

#TIDICOUNSEGRETO

Per molto tempo la mia vita è stata costellata di appuntamenti magnifici e incontri pessimi, di uscite perfette e figuracce epiche. Ma tanto lo so che degli appuntamenti da sogno non importa a nessuno. Le brutte figure sono molto più divertenti, quindi ti racconterò una di quelle!

Allora: era la mia prima uscita con lui, e prima di vederlo ero nel panico più totale. Nonostante il mio armadio vomitasse vestiti da ogni cassetto, non avevo idea di cosa indossare! Dopo ore trascorse a fissare il guardaroba e a fantasticare che prendesse vita e come una fata madrina mi trasformasse in una strafiga, ho scelto un paio di jeans aderenti abbinati a una t-shirt nera e a una giacca in similpelle. Semplicità, mi ero detta; ed era il suggerimento migliore che potessi darmi. Era un outfit comodo ma stiloso, praticamente perfetto... Peccato che stavo per rovinarlo con una scelta pessima. Vuoi sapere quale? Porta pazienza e lo scoprirai.

Quella sera lui è passato a prendermi sotto casa, siamo andati a mangiare qualcosa in un pub e infine abbiamo deciso di andare a fare una passeggiata in centro. La serata procedeva alla grande: chiacchieravamo, ridevamo, ci eravamo persino già detti che ci saremmo rivisti il prima possibile. Fino a quando, proprio a metà di una sua battuta, mi sono ritrovata stesa lunga lunga sul marciapiede. Non scherzo: se fossi stata in spiaggia sarei passata inosservata come una qualunque ragazza che prende il sole sdraiata sulla sabbia.

Ma non ero al mare.

E quella non era sabbia, ma un durissimo, freddissimo e sporchissimo marciapiede di città.

Ricordo perfettamente gli interminabili secondi di

silenzio seguiti alla mia caduta, e poi la voce di lui che urla *Nadia, stai bene?* mentre si precipita a tirarmi su. Ma più di tutto ricordo il mio tacco 12 incastrato nel tombino. Quel tombino che non avevo visto per ridere alla sua battuta (tra l'altro pessima, se devo essere sincera).

Ecco: perché mai avevo deciso di indossare un paio di tacchi così alti proprio per il primo appuntamento? Non ero affatto abituata a indossarli; avevo voluto rischiare solo per sentirmi più bella agli occhi della mia crush. Eppure ci eravamo conosciuti a scuola, dove ho sempre tenuto un look molto informale. E allora, perché mi ero presentata all'appuntamento come la vamp di turno? Perché non vedevo: mi aveva accecata il bisogno di piacergli, e quindi mi ero dimenticata che prima di tutto dovevo piacere a me stessa!

Per fortuna quella volta ci avevo visto bene: la mia crush era un tipo a posto, e non si è lasciato spaventare. Io ho sdrammatizzato la figuraccia con una bella risata, lui ha riso con me e ci siamo rivisti anche il weekend successivo.

Naturalmente, ho messo gli anfibi.

LA PROVA DEL NOVE

Ora che grazie ai miei consigli (prego, prego!) hai strappato un appuntamento alla tua crush e trovato il tuo outfit perfetto, il mondo ti sembra un posto meraviglioso e tu sei lì che salti sul letto per la gioia. Salti, e salti, e salti, quando a un tratto il sorriso ti si gela sulla faccia e precipiti a terra con un tonfo! Un pensiero tremendo ti ha appena attraversato la mente: e se la parte difficile dovesse ancora arrivare?

È una preoccupazione comprensibile, non posso darti torto: certo, se la tua crush ti ha chiesto di uscire o ha accettato il tuo invito significa che un potenziale di interesse c'è, ma è appunto un *potenziale*. Che si tratti di un'uscita per un aperitivo, un film al cinema o un appuntamento per andare insieme a fare delle fotocopie, sarà per entrambi la prova del nove. È necessario, quindi, giocare bene le tue carte. Perché se c'è una cosa che ci ha insegnato la mamma e che davvero non possiamo contestare è che la prima impressione, purtroppo, è quella che in certe situazioni conta di più. E dico "purtroppo" perché, se avessimo la pazienza di aspettare prima di giudicare una persona, ci ritroveremmo a cambiare idea molto spesso! Ma non l'abbiamo; o se ce l'abbiamo noi, non possiamo scommettere che ce l'abbia anche la nostra crush. Non voglio spaventarti, ma basta davvero poco per trasformare un attesissimo appuntamento in un girone infernale dantesco. Che ne dici di un bell'esempio di prima mano?

UNA CARTOLINA DA QUEL PAESE

Una volta sono riuscita a strappare un appuntamento a un ragazzo che mi piaceva davvero molto. Mi sembrava così carino, così simpatico, e io non vedevo l'ora di vederlo e di stare un po' da sola con lui per conoscerlo meglio!

Beh, non solo è arrivato con 35 minuti di ritardo all'appuntamento, ma non si è nemmeno curato di scusarsi o di inventarsi una banale giustificazione per il suo comportamento. No: era arrivato tardi perché doveva a tutti i costi finire una partita alla playstation. Questione di vita o di morte, insomma. Già questo doveva farmi rendere conto di quali fossero le sue priorità: playstation batte rispetto ed educazione 10 a 0! Per non parlare della poca furbizia: poteva inventarsi, che so, un guasto al motorino. Un ritardo dell'autobus. Un problema familiare. E invece no: nemmeno uno sforzo di fantasia per evitare una brutta figura. *Vabbè, dai, almeno è stato onesto!* dirai tu. E ti rispondo: l'ho pensato anche io. Perché da una parte sono sempre portata a pensare bene delle persone, anche quando non se lo meritano; dall'altra, mi rendo conto ora, ero talmente cotta che avrei trovato qualsiasi motivo per giustificarlo. Così ho deciso di mandare giù il boccone amaro e dare una chance al resto della serata. Credi che sia migliorata? Ma FIGURIAMOCI.

Per tutta, e dico *tutta* la serata non ha fatto altro che parlare male della sua ex.

- ✘ *Di come fosse stupida, superficiale, arrogante.*
- ✘ *Di quanto fosse ossessiva, esagerata e sciatta.*
- ✘ *Di quella volta che avevano litigato per questo motivo, e di quella che avevano litigato per quell'altro motivo.*

Ora, non devo certo spiegartelo: se esci con una persona e passi il tempo a parlare (e sparlare) delle tue passate relazioni, di sicuro non fai la migliore impressione possibile. Perché le cose sono due:

1) **Vuoi far passare un messaggio odioso del tipo: lei (o lui) era così e ci siamo lasciati, mica sarai così anche tu?**
2) **Sei ancora evidentemente preso dalla tua passata relazione, e vuoi usare chi hai davanti per fartela passare con il famoso metodo del "chiodo scaccia chiodo".**

Nel primo caso stai mettendo le mani avanti, dimostrando totale disinteresse per la persona che hai di fronte nel caso non rientri nelle tue "categorie", e togliendole il diritto di esprimersi liberamente.

Nel secondo le stai completamente mancando di rispetto.

In ogni caso: *no bueno, amigo*.

Non ho mai scoperto quale fosse esattamente l'intenzione del tizio, né mi ci sono impegnata: mi è bastata un'ora per mandarlo a fare un giro in Patagonia, ed è una decisione di cui non mi sono mai, mai, mai pentita.

POKER FACE

Allora, perché ti ho raccontato questo aneddoto, rischiando tra l'altro di rivedere il pranzo di Natale del 2006 per la rabbia che ancora mi viene quando ci ripenso?

Perché prima di quel tragico appuntamento quell'idio... Ehm, quel bravo ragazzo, scusa, mi piaceva davvero. Ero cotta come un arrosto bruciacchiato. Gli sarebbe bastato farmi una gentilezza qualsiasi per conquistarmi, e invece ha buttato tutto nel gabinetto, tirato lo sciacquone e ovviamente lasciato anche la tavoletta alzata. Non si è curato dell'immagine che dava di sé.

Ecco, il mio consiglio è: non fare il suo stesso errore. Gioca bene le tue carte. Perché tutti possiamo avere una mano vincente se sappiamo come giocarcela. Con questo non intendo che devi fingerti qualcosa che non sei, nel tentativo di manipolare la persona che hai davanti e indurla a cadere ai tuoi piedi, ma solo che quando accetti di uscire con qualcuno dev'essere perché quella persona ti interessa, e questo significa che ti interessa come lei può farti sentire tanto quanto come tu puoi far sentire lei. L'egocentrismo non è una buona carta: fammi un piacere, escludila dal mazzo. In cambio, prometto di finirla con le metafore sul poker.

Quindi: se vuoi fare una buona impressione, la prima regola da seguire è "rispetta la tua crush". Non è difficile: il rispetto per gli altri è praticamente la regola numero 1 per vivere nel mondo.

A Arriva puntuale, e se non lo fa avvisa.
B Arriva quando gli pare e non chiede manco scusa.

A Ti chiede cosa hai voglia di fare.
B Procede dritto con il suo piano.

A Partecipa alla conversazione chiedendoti di te.
B Parla solo ed esclusivamente di sé, dell'ex, dell'amico del cuore, del cane, di che so io.

A Ti chiede della tua famiglia e dei tuoi amici.
B A fine serata non sa manco se hai fratelli o meno.

A Ti racconta dei suoi hobby e dei suoi interessi, cercando dei punti di contatto con i tuoi.
B Di cosa piace fare a te non gliene può evidentemente fregar di meno.

Se ottieni la maggioranza di risposte A… allora si merita un secondo appuntamento!

Se ottieni la maggioranza di risposte B… non ti resta che urlare "NEEEXT!".

LE PAROLE SONO IMPORTANTI!

Quando usciamo per la prima volta con una persona, la buona qualità della conversazione è fondamentale: difficilmente vorremo rivedere per un secondo appuntamento una crush che si è dimostrata noiosa, scorbutica o maleducata, no? Il dialogo è fondamentale: è tramite quello che capisco se vale la pena continuare una frequentazione oppure no. Per questo ti dico: facci attenzione! Concentrati di più sulle parole che dici e meno su quel ciuffo di capelli che magari è fuori posto. So che non è facile: quando non si conosce una persona è semplice essere assaliti dall'imbarazzo, e l'imbarazzo non favorisce di certo la conversazione. È per questo che voglio darti un paio di consigli da tenere sempre a mente per evitare gaffe!

Innanzitutto, come avrai già capito dal mio sfogo poco più su, parlare in maniera troppo negativa della tua ex relazione è il primo degli errori da evitare. Magari è vero, il tuo ex era proprio insopportabile e ti ha trattato malissimo: ma che colpa ne ha la tua povera crush? Cos'ha fatto di male per sorbirsi le tue paturnie? Un atteggiamento del genere la deluderà, la disorienterà e di sicuro la porterà a farsi un sacco di domande. Per esempio:

"Wow, quanta rabbia ha ancora nei confronti del suo ex! Forse pensa ancora a lui."

"Uffa, ma non possiamo cambiare discorso? Non sono mica uno psicologo!"

"Ne parla davvero male ma non ho sentito l'altra campana. Magari le cose sono andate in modo esattamente opposto, che ne so io?"

Insomma, elimina dalla tua lista di argomenti papabili il tuo o la tua ex; e se proprio non riesci a non parlarne, limitati solo a qualche accenno, senza dilungarti troppo. Se ci saranno altre uscite avrai modo di ammorbare la tua crush con gli scheletri che hai nell'armadio. Nel frattempo tienili belli chiusi lì dentro, o rischi di dare un'immagine di te completamente sbagliata!

CHE BARBA!

Per lo stesso motivo, ti consiglio di saltare a pié pari il momento "lamentele generali": le tue insoddisfazioni scolastiche, lavorative o familiari sono per chi inizia a interessarsi a te un gavettone di negatività. Un gavettone ghiacciato. Non che tu debba evitare di parlare della tua vita, per carità: ma cerca di non apparire come quel tipo di persona che sa solo lamentarsi. Lo so, magari stai passando davvero un brutto periodo, e la tua crush ti fa sentire così a tuo agio che potresti parlarle di tutto. Ma fidati: fallo con molta cautela. Ricordati che la tua crush è uscita con te per conoscerti ma anche per svagarsi e passare del tempo insieme in allegria. Per quanto possa essere profondo il suo interesse per la tua vita in realtà ti conosce appena, e un tuo tsunami di lamentele potrebbe mandare tutto all'aria. Il primo appuntamento deve lasciare un ricordo felice, quello di due persone che si sono divertite chiacchierando di tutto ma con positività. Scopritevi un po' per volta, questo rappresenterà un fortissimo stimolo per rivedervi e continuare a conoscervi.

E, se andate a mangiare o a bere qualcosa insieme, lo vuoi un consiglio? *Almeno la prima volta dividete il conto.* Non c'è nulla di male nel farsi offrire qualcosa da una persona che ci piace e alla quale interessiamo (così come essere noi stessi a offrire) ma dividere le spese alla prima uscita ha soprattutto il compito di comunicare la nostra "indipendenza" anche in queste piccole cose. È come se dicessi alla tua crush: "Ti ringrazio per il pensiero, però non ho accettato l'invito per farmi offrire la cena, ma perché mi interessavi tu". Per quella che è la mia esperienza, sarà un gesto molto apprezzato. Non perché in questo modo la tua crush risparmierà qualche soldo, ma perché così capirà chi ha di fronte: una persona che sa ciò che vuole.

IL MESSAGGIO DEL GIORNO DOPO

Ok, questo appuntamento ti è veramente piaciuto, e francamente hai la sensazione che sia piaciuto anche alla tua crush! Molto bene: ricordati che ciò che accade il giorno successivo all'appuntamento è importante tanto quanto l'appuntamento stesso. Inondare la tua crush di messaggi a vanvera, o ancora peggio di dichiarazioni azzardate ("sei la mia anima gemella", "voglio presentarti ai miei", "siamo come due angeli con un'ala sola") potrebbe vanificare tutto quello che hai costruito il giorno precedente.

Te l'ho detto: essere sé stessi è la prima cosa, ma se non conosci bene la persona che hai davanti devi fare uno sforzo in più per metterti nei suoi panni. Magari la tua crush è un tipino più tranquillo di te, e tampinarla di messaggi non è la cosa più adatta. Vi state ancora conoscendo: ci sarà tempo per lasciarvi andare del tutto!

Poi, sia chiaro, fai sempre ciò che ti senti: il mio discorso vale solo per chi è indeciso e non sa bene come comportarsi. Non sai cosa scrivere? Ecco alcuni "approcci" tipo che potrebbero tornarti utili!

CLASSIC: *Ehi, che fai oggi?*

Sì, lo so, è un po' banalotto. Ma a volte la semplicità è l'arma migliore per rompere il ghiaccio e dare il via alla conversazione. Voglio dire: non hai certo scritto un grande poema, ma almeno hai mostrato un interesse nei confronti della tua crush, e lei non potrà fare a meno di notarlo!

CURIOSITY: *Ciao, tutto ok? Sei poi andato/andata...*

... a giocare a pallavolo/a comprarti le scarpe/in biblioteca a studiare o a fare qualsiasi altra cosa che ti piace fare e di cui abbiamo parlato durante il nostro appuntamento? È come chiedere alla tua crush come è andata la sua giornata: così facendo dimostri interesse per la sua vita e avvii una conversazione.

FOODIE: *Quella pizza di ieri sera era troppo buona, stanotte credo di averla addirittura sognata!*

Buttarla sul cibo è sempre una buona idea. E non lo dico solo perché sono troppo golosa! Fare una battuta simpatica su quello che avete mangiato o bevuto la sera prima potrebbe essere un modo leggero per incentivare una risposta altrettanto simpatica da parte della tua crush.

INSTAGRAMMER: *A proposito del discorso di ieri sera, guarda qui!*

Sempre nell'ottica di sfruttare la conversazione fatta durante l'appuntamento, invia alla tua crush una foto carina che abbia a che fare con gli argomenti che avete affrontato. Per esempio: avete parlato del prossimo esame universitario o del compito in classe che vi aspetta? Allega una foto dei libri aperti per studiare. Le possibilità sono infinite: tutto dipende da ciò che vi siete detti il giorno prima. Riprendere un discorso in maniera simpatica allegando una foto fa sentire la tua crush coinvolta nella tua vita e presente nei tuoi pensieri.

E se senti di non avere abbastanza coraggio per fare il primo passo, ricorda quello che ci siamo detti a proposito della sindrome dell'opossum: *chi si finge morto non saprà mai cosa significa essere vivo.* Se scoppi dalla voglia di ricontattare la tua crush, non stare a fare strategie: scrivile e basta, facendo solo attenzione a stimolare la conversazione senza risultare troppo invadente. Ormai la maggior parte dei rapporti, diciamocelo, nasce tramite l'uso di computer e cellulari. Non farti usare da questi mezzi: sii tu a usarli.

E ricordati sempre che è dal vivo che si conosce davvero una persona: i suoi sguardi, la sua voce, il modo che ha di gesticolare parlano della tua crush molto meglio di un messaggino WhatsApp.

Quindi messaggia senza paura, e fallo anche molto, se senti di essere in sintonia con la tua crush! Ma mi raccomando: fai anche in modo che uno dei tuoi messaggi contenga luogo e ora del prossimo appuntamento!

KISS!
KISS! KISS!
BANG! BANG!
NO!
NO!
NO!
KISS
ETCIÙ!
NOPE!
NO!
NOPE!

3

IL PRIMO BACIO

TAKE IT EASY!

E così, senza il minimo preavviso, ci sei dentro fino al collo. Il primo appuntamento con la tua crush ti ha confermato che il tuo interesse nei suoi confronti era ben riposto. E quella che sembrava una leggera infatuazione, una conoscenza un po' più "frizzantina" delle altre, un piccolo gioco di conquista, si è trasformato in qualcosa di più.

Siete a vostro agio in compagnia l'uno dell'altro?

Strane forze magnetiche vi spingono a camminare sempre più vicino fianco a fianco?

Ogni occasione è buona per isolarvi insieme dal resto del mondo?

Beh, non sono certo una veggente, ma lascia che ti faccia una piccola previsione per il tuo prossimo futuro: è in arrivo un bacio!

E non fare quella faccia sorpresa, su. **A chi vuoi darla a bere?** Sappiamo perfettamente che aspettavi solo questo! Quanti pomeriggi hai già passato nella tua cameretta a fantasticare di coccole e abbracci con la tua crush? Che quello in arrivo tra di voi sia il tuo primo bacio o meno, sono certa che occupa gran parte dei tuoi pensieri. L'idea di accostare le tue labbra alle sue ti esalta… E subito dopo ti sprofonda nel panico più totale.

Ed è normale che sia così! Dal primo approccio fisico si capiscono tantissime cose, si consolida un'affinità e si dichiara il proprio interesse definitivo per l'altra persona. E questo può portare l'ansia da prestazione a livelli allarmanti!

GODITI L'ATTIMO!

Sarà il momento giusto? Chi dei due farà la prima mossa? Saprò baciare? E la mia crush, avrà più esperienza di me? Mi piacerà? E se invece no? Mille domande ti affollano la mente, ma quella davvero importante rimane una sola.

Tu, cosa desideri davvero?

Insomma, baciarsi è un altro modo per conoscersi. Solo, più intimamente! Ti permette di avvicinarti alla tua crush come mai prima: scoprirai il suo profumo, il suo gusto, la consistenza delle sue labbra, il calore del suo abbraccio. Ecco, se sono queste le cose che desideri, allora va' e prenditele! Non c'è niente di più bello che abbandonarsi senza timori ai propri desideri.

E se la paranoia di commettere errori non ti abbandona, ricorda sempre una cosa: il modo in cui posizioni le tue labbra sulle sue importa poco. Non esistono i brutti baci; esistono solo baci "anonimi", cioè quelli dati da chi non è realmente coinvolto a livello sentimentale. **Ma se l'intesa tra te e la tua crush è reale, allora la tecnica non conterà nulla. Per lo spazio di quel bacio, esisterete solo voi due.**

KISS! KISS!

OCCHIO AI DETTAGLI

Che sia cercato e voluto o improvviso e inaspettato, il primo bacio, quando desiderato da entrambi, può rappresentare un momento di profonda connessione tra te e la tua crush; uno scambio così intimo ti farà capire all'istante come ti senti nei suoi confronti (e viceversa). Ecco perché è fondamentale che il contesto in cui accade sia quello ideale, soprattutto se parliamo del primo bacio in assoluto.

Mi spiego meglio: anche se poggiare le tue labbra alle sue ti fa dimenticare di ogni altra cosa al di fuori di quel bacio, questo non significa che il resto del mondo sia effettivamente scomparso.

Esistono mille fattori esterni che potrebbero interrompere il vostro "momento perfetto": il cellulare che esplode improvvisamente di messaggi dalle tue mille chat di gruppo; un clacson strombazzante che vi segnala che siete al centro esatto della strada; gli amici che vengono a prendervi in giro e chi più ne ha più ne metta! Se vuoi davvero goderti il momento, cerca di creare le condizioni ideali per il bacio perfetto. Silenzia il telefono. Proponi una passeggiata a due. E quando finalmente tu e la tua crush sarete al riparo da occhi indiscreti e da ogni possibile elemento di disturbo, cerca il suo sguardo: gli occhi sanno baciarsi ancora prima delle labbra. E poi lasciati andare!

NON TUTTI I BACI...

È inutile girarci attorno: non tutti i baci riescono con il buco! Purtroppo alle volte può accadere che il primo bacio con la tua crush non si riveli entusiasmante. Magari eravate entrambi un po' tesi o preoccupati. O forse non era il momento giusto. O non è scattata tra di voi la scintilla dell'attrazione. Cosa fare in questi casi? Esattamente quello che fai quando una cosa non ti piace: smetti di farla. Non c'è motivo di fingersi coinvolti quando non lo si è, e non si può certo continuare a baciare qualcuno per cortesia!

#TIDICOUNSEGRETO

Il mio primo bacio non è stato nulla di trascendentale. Avevo tredici anni ed ero in vacanza con i miei in un villaggio turistico. Un ragazzino di nome Francesco, dopo aver tentato invano di uscire con una delle mie amiche, aveva dirottato la sua attenzione su di me; e io, che da tempo non facevo altro che fantasticare sul mio primo bacio, avevo accettato il suo invito a "uscire". Non che avessi una cotta per lui o cose del genere! Probabilmente avevo una cotta per l'*idea stessa* di avere una cotta.

Volevo scoprire cosa significava; cos'era quel famoso "amore" di cui parlavano tutte le mie amiche?

Così, una sera, io e Francesco andammo a fare una passeggiata insieme fino al campo di bocce. E lì, senza il minimo preavviso, lui si fiondò sulle mie labbra, slinguazzandomi a più non posso manco fosse il mio pastore tedesco! Inutile dire che rimasi basita. Era una sensazione che proprio non mi piaceva, era completamente diversa da come me l'ero immaginata! Non so cosa mi aspettassi: forse di sentire le campane suonare. Gli angeli cantare. I brividi lungo la schiena. Ma non accadde niente di tutto questo: non sentii nulla se non la sua saliva. Bleah!

Invece a lui, con mia grande sorpresa, quel bacio sembrava piacere. Continuava a tenere le labbra incollate alle mie, e piano piano cominciò ad allungare le mani. Beh, lì mi divenne tutto chiaro: quella situazione non mi piaceva, e basta. Non mi sentivo pronta. Volevo a tutti i costi mettere fine a quel bacio, ma allo stesso tempo non volevo offendere la mia crush.

Così escogitai in quattro e quattr'otto una strategia assurda quanto efficace per uscire da quell'impasse: mi staccai bruscamente da lui e finsi uno starnuto!

Ti rendi conto? Pur di non ammettere che baciarlo non mi piaceva mi sono inventata una bugia di sana pianta! A ripensarci ora mi faccio un sacco di tenerezza. Non sapevo ancora (ma lo avrei imparato presto) che non avevo bisogno di inventarmi scuse per sottrarmi a quella situazione.

Se un bacio o un contatto fisico o una carezza particolarmente insistente ti mettono a disagio, non hai bisogno di scuse elaborate per evitarli.

Rifiuta e basta, non c'è niente di cui vergognarti. La vita è troppo breve per sprecarla in baci mediocri!

NO SIGNIFICA NO

Ok, a me non è andata troppo bene, ma questo non significa che il primo bacio debba essere sempre e per forza un flop, anzi! Può essere esattamente il contrario.

> *Baciare la tua crush può rivelarsi una delle esperienze più soddisfacenti mai vissute nella tua vita.*

E quanto è bello quando succede? Non c'è nulla di meglio di una perfetta intesa fisica e mentale con la persona che ci piace. Non smetterò mai di ripeterlo: l'amore è una cosa troppo bella. Spinge a superare i propri limiti e a dimostrare, ogni giorno di più, quanto ci tieni alla persona che ami e cosa faresti per lei.

Tieni però a mente una cosa: accontentare il proprio partner non vuol dire annullarsi.

Le tue scelte, i pensieri e le tue decisioni sono importanti tanto quanto le sue. Certo, a forza di frequentarvi il vostro rapporto si farà sempre più intenso, e probabilmente sarà sempre più complicato distinguere tra le tue e le sue necessità. Molte coppie di fidanzati, facci caso, finiscono per diventare "una cosa sola". Un consiglio da amica: se puoi, evita questo errore. Mantieni sempre la tua individualità, fai solo quello che ti senti realmente di fare, e solo quando lo vuoi *tu*. Esistono momenti estremamente intimi e personali che non possono essere forzati: se non si è pronti ad andare "oltre", bisogna fermarsi.

Non devi fare nulla per la sola paura di deludere

l'altra persona o, peggio, per il timore di perderla. Ognuno ha i suoi tempi, e se la tua crush non lo capisce vuol dire che tutto ha per la testa tranne che l'amore per te.

"NO" significa "NO". E chiunque sostenga il contrario non è mai stato innamorato veramente!

Ciao my love! 9:40
venerdì
Caffè! Tu che fai? 17:30
Ehiii 18:00
Perché non rispondi?! 19:15
Ma che fine hai fatto... 23:30
Perdonami, sono rimasto in giro fino a tardi, cel scarico! 2:00
sabato
... 10:00
TARANTO
48%
9:30
My Crush
online
Buongiorno amore! 9:30
9:31
MILANO

4

LONTANO DAGLI OCCHI...

UN AMORE DA FILM

Se qualcuno mi avesse dato un euro per ogni lacrima versata per amore, a quest'ora sarei ricca. Ma ricca sfondata. Non scherzo: sono una persona molto passionale e vivo ogni mio sentimento in maniera forte. Forse anche troppo!

E dire che sono migliorata: durante l'adolescenza, ancora più di adesso, vivevo l'innamoramento e le relazioni – che si trattasse di fidanzamenti duraturi o veloci flirt estivi – in maniera cieca e assoluta. Insomma, ero la protagonista femminile del mio personale drammone romantico.

Puoi immaginare, quindi, con quanta serenità abbia affrontato le mie relazioni a distanza: perché sì, se perdevo la testa per qualcuno era puntualmente per un ragazzo che viveva ad almeno 800 chilometri di distanza da me. Il motivo non me lo so ancora spiegare. Magari mi sembrava una cosa romantica. Oppure mi stuzzicavano le sfide difficili. O forse era semplicemente perché mi innamoravo sempre durante le vacanze estive!

Non ho mai scoperto quale fosse il motivo di questo mio masochismo sentimentale, ma una cosa l'ho imparata di certo: le relazioni a distanza sono quanto di più emotivamente faticoso abbia mai provato nella mia vita. Possono essere stressanti, logoranti, imprevedibili: è come camminare in equilibrio su un filo, con la costante paura di cadere.

È SEMPRE UNA QUESTIONE DI FIDUCIA

FILM IN TESTA ENTERTAINMENT

PENSI CHE STIA ESAGERANDO?

Beh, allora proviamo a riassumere insieme le principali fasi di una tipica relazione a distanza e le loro caratteristiche, e vediamo se cambi idea. Allora:

FASE 1

La prima fase è quella dell'amore folle e incondizionato ed è caratterizzata da grandi e inverosimili proclami. I "ti amo", "sei la mia vita", "nessuna distanza può separarci" sono all'ordine del giorno. Dormi poco, ti struggi e hai le palpitazioni. Il telefono diventa una nuova appendice del tuo corpo, e la sua unica funzione è quella di produrre messaggi romantici a ogni ora del giorno e della notte. Mandi giga e giga di foto e video via WhatsApp. Guardi con tenerezza le coppie che camminano mano nella mano per la strada: anche loro, come te, sanno cos'è il vero amore.

FASE 2

La seconda fase è quella della frustrazione. Cominci a dubitare che la tua crush provi per te le stesse cose che provi tu, perciò ogni volta che le dici "ti amo", "sei la mia vita", "nessuna distanza può separarci", passi i secondi successivi a esaminare le sue risposte come se nascondessero chissà quali doppi sensi. *Come mai mi ha*

FASE 3

La terza e ultima fase è quella delle litigate: arriva quando non ce la fai più a tenerti dentro le paranoie partorite dalla tua immaginazione, e decidi di condividerle con la tua crush. A questo punto comincerai a chiederle conto di qualsiasi cosa, anche di quanti bicchieri d'acqua beve al giorno. E questo per un unico, assurdo motivo: la gelosia. Gelosia immotivata quando lui/lei non risponde a un messaggio nell'arco di 10 minuti. Gelosia immotivata quando non risponde a una telefonata. Gelosia immotivata, con aggiunta di parolacce, quando non risponde a una videochiamata. Gelosia immotivata per ogni sua amicizia. Gelosia immotivata pure per sua sorella.

risposto solo "anch'io" e non "anch'io ti amo"? Perché ha quel tono freddo? Perché ha esitato mezzo secondo prima di rispondermi? Il terrore comincia a invaderti. All'improvviso hai voglia di fare lo sgambetto a tutte le coppie che vedi camminare abbracciate per la strada.

Mi fermo qui, ma lo sai anche tu: potrei andare avanti per ore. Le relazioni a distanza sembrano fatte apposta per portare le coppie allo sfinimento fisico e mentale! Ma perché? Ci ho pensato un po' e sono arrivata a una conclusione: è la mancanza di controllo che ci fa svalvolare. L'assenza fisica del nostro partner ci ficca in un tunnel di "se", di "ma" e di supposizioni negative. E non sempre infondate! Perché negarlo? Sono tantissime le persone coinvolte in relazioni a distanza che si permettono qualche scappatella. Ma sono tantissime anche quelle che invece a tradire il proprio partner non ci pensano affatto, anche se non lo vedono da due mesi. La differenza, qui, la fa la fiducia.

FERMATI E RESPIRA

La fiducia è davvero tutto, e se te lo dico io che sono più gelosa del mio cane (e Axel è gelosissimo, credimi) allora devi crederci. Quando la tua relazione a distanza ti sembra vacillare, quando lo spettro del dubbio si intrufola nel tuo cuore, quando un minimo sospetto di corna si trasforma nella tua mente fino a diventare un film horror di 120 minuti, sai cosa devi fare? Fermarti. Respirare.

Fermati e concentrati sulla realtà. Pensa alla tua crush come alla persona che è davvero, e non come al mostro in cui la tua mente gelosa l'ha trasformata.

Ti ha mai dato reali motivi di gelosia?
No? *Allora datti una calmata.*

E se invece te ne ha dati, valuta con onestà come ti senti. Riesci a passare oltre e perdonare? Ricorda che una volta che la fiducia nel tuo partner si è rotta, difficilmente potrà essere ricostruita. Davvero ci tieni a portare avanti una relazione basata sul sospetto?

Sul serio: ho versato troppe lacrime inutili per permetterti di ripetere i miei stessi errori. Se hai fiducia nel tuo partner, sforzati di mantenerla salda; se non ce l'hai, chiediti perché. Se è davvero colpa sua, allora forse è il caso di riconsiderare la relazione. Se invece sono le tue paure a parlare, è il caso di risolverle con l'aiuto della razionalità. Ricordati: chi vuole tradirti lo farà anche se vive sotto il tuo stesso tetto. Basterà dirti che va a trovare suo cugino/amico/fratello e invece correrà dall'amante. Non c'è bisogno di vivere lontani per fare il doppio gioco; ecco perché la fiducia è la base fondante di una relazione – a distanza o meno – sana e duratura.

#TIDICOUNSEGRETO

Una delle mie prime relazioni a distanza è iniziata nella chat di un forum a cui ero iscritta. Lui commentava alcuni miei post, e io commentavo i suoi! Avevamo tante cose in comune; chiacchierare e scambiarsi opinioni era un vero piacere. Poco a poco le nostre conversazioni cominciarono a farsi sempre più personali, e alla fine decidemmo di sentirci al telefono. Che te lo dico a fare: complice anche la mia giovane età e la poca esperienza in campo sentimentale, mi bastò sentire la sua voce per finire cotta a livelli esponenziali. Ero talmente presa da quella storia che cominciai a escogitare i piani più contorti e avventurosi per riuscire a incontrarlo, ma non era affatto facile: viveva dall'altra parte del Paese! Non mi rimaneva quindi altro da fare che struggermi d'amore e illudermi che prima o poi saremmo stati insieme. Del resto, ne ero convinta, anche lui era pazzo di me!

Ma un giorno accadde l'impensabile: un'altra iscritta al forum mi contattò con un messaggio privato. Aveva notato l'intenso scambio tra me e la mia crush, e ci teneva a specificare che lui era "roba sua". Esterrefatta, le feci notare che tra me e quel ragazzo c'era già una relazione da settimane (oookaayy, va bene, forse ingigantii un po' le cose) e che, al massimo, era "roba mia".

Beh, sai qual è la morale della favola? Il tizio si sentiva con tutte e due contemporaneamente. Anzi, con tutte e *quattro*, visto che poco tempo dopo uscirono allo scoperto anche altre ragazze. Il genio diceva a tutte più o meno le stesse cose e creava rapporti idilliaci con le sue "vittime". Per lui era solo un gioco perverso, e credo si divertisse anche molto!

Se non fosse stato così lontano, se avessi potuto guardarlo negli occhi, sarebbe riuscito a ingannarmi ugualmente? Chi può dirlo. Di sicuro da allora sono stata molto più attenta a valutare le persone, e a cercare di conoscerle davvero prima di sbilanciarmi con promesse e dichiarazioni. La distanza può bendarti gli occhi e far apparire un diamante ciò che nella realtà è solo un pezzo di vetro.

NUTRI IL TUO AMORE

Cosa dire invece alle coppie a distanza collaudate da tempo?

Beh, innanzitutto COMPLIMENTONI. Se avete superato le difficoltà legate alla distanza, probabilmente potete contare su un sentimento profondo, stabile, radicato. Un amore che supera ogni dubbio, domina la gelosia e sopravvive alla lontananza. Ma fate attenzione a non darlo per scontato: l'amore va nutrito e coccolato come un uccellino appena nato. Quindi, se certi giorni la tua crush ti sembra più mogia, non lo sottovalutare: magari sente il peso della tua mancanza, della solitudine, e il pensiero che non vi vedrete molto presto è sconfortante. In quei casi la soluzione migliore è far sentire la tua presenza. Come? Per esempio, organizzando dei momenti solo vostri, come una videochiamata in giorni specifici durante i quali nessuno può disturbarvi. Insomma, se foste entrambi nella stessa città cosa fareste? Magari organizzereste una serata-film una volta a settimana? Beh, fatelo lo stesso! Ritagliatevi dei momenti felici da aspettare con gioia: sarà bellissimo vederli arrivare e viverli insieme nonostante la lontananza.

C'è un proverbio che recita: lontano dagli occhi, lontano dal cuore.

Ma vale solo per chi è più distante dal cuore che dagli occhi.

5

IL SEGRETO PER RIMANERE INSIEME

Ci hai mai fatto caso? Le riviste, i siti, i manuali che affrontano il tema dell'amore e delle relazioni fanno quasi sempre riferimento a qualche famoso studio, ricerca o sondaggio per confermare le loro teorie. Come se solo grazie a un team di scienziatoni dell'Università del Massachusetts (ma perché poi sempre Massachusetts?! Boh!) fosse possibile comprendere, analizzare o prevedere con esattezza scientifica il sentimento che spinge le persone a stare insieme. Devo ammettere che rimango ogni volta un po' interdetta: l'amore non è una formula, gli affetti non sono algoritmi e *un abbraccio non è un semplice incastro di corpi, ma l'unione di due cuori.* Come si può pensare di studiare un sentimento come si fa con una cellula al microscopio? Non si può, ecco come la penso io.

Ciò non toglie, però, che leggere questi studi mi diverte un sacco, e spesso alcune di queste teorie presentate come dati oggettivi mi fanno anche riflettere. **Secondo l'ultima che mi è capitata sott'occhio, per dire, l'amore durerebbe tre anni. Tre anni esatti, attenzione, non uno e non cinque, tre.**

Il primo è l'anno della passione.

Il secondo è l'anno della tenerezza.

E il terzo è quello della noia!

È una questione di chimica del cervello, sostengono gli scienziati: in sostanza i sentimenti e le relazioni avrebbero tutti una precisa scadenza, esattamente come uno yogurt.

Ora, posto che quando sono nervosa posso essere molto più acida di uno yogurt scaduto, nutro dei fortissimi dubbi su questa teoria. Bada: non metto di certo in dubbio la scienza, per carità. Ma se devo scegliere tra i dati e le evidenze raccolti per esperienza personale e quelli messi insieme in laboratorio, ci puoi scommettere: mi fiderò sempre e soltanto di ciò che ho sperimentato sulla mia pelle.

E la mia pelle, la mia storia, le mie vicissitudini mi dicono che il sentimento amoroso può vivere ben più a lungo di tre miseri anni! Ma allora, dove si genera questa confusione?

INNAMORAMENTO VS AMORE

La verità è che di frequente confondiamo l'innamoramento con l'amore, mentre si tratta di due cose ben diverse. È l'innamoramento, molto spesso, ad avere una data di scadenza, e non l'amore! Proprio così. Facci caso: nei primi tempi di una relazione tutto ciò che riguarda la nostra crush ci sembra meraviglioso; siamo ciechi rispetto ai suoi difetti e forse anche a quelli dell'intero pianeta Terra. Essere innamorati è come guardare il mondo attraverso un paio di occhiali fatati che cancellano ogni bruttura, ogni preoccupazione, ogni aspetto negativo delle cose. Ma poco alla volta il "potere magico" di questi occhiali si affievolisce, e ci ritroviamo di fronte alla realtà.

Magari la nostra crush non è esattamente la perfetta divinità che ci eravamo immaginati, e ora la sua ossessione per lo shopping o per il calcio invece di farci tenerezza comincia a darci un po' sui nervi. Insomma, la realtà inizia a fare capolino tra i sogni a occhi aperti.

E a quel punto cosa si fa?

Beh, c'è un'unica cosa utile da fare: scoprire se l'innamoramento è svanito senza lasciare traccia o se si è trasformato in qualcosa di diverso. Chi rimane assieme anche dopo che le famose "farfalle nello stomaco" sono volate via, lo fa perché ha capito che la persona che ha accanto è molto di più di un'avventura romantica. È qualcuno su cui contare. Un pezzo della propria vita al quale non può rinunciare. La compagnia giusta per progettare un futuro insieme. In una sola parola, è l'amore!

AMORE VS ABITUDINE

Uno dei grossi rischi delle relazioni di lunga durata è quello di non riuscire più a distinguere tra amore e semplice affetto, tra bisogno e abitudine, tra voglia di stare insieme e paura di rimanere da soli.

Personalmente non mi piace dire: "Non posso vivere senza di te". Preferisco di gran lunga dire:

"Potrei vivere senza di te, ma non voglio!"

Ed è questo il consiglio che voglio darti: chiediti sempre il perché delle cose. Se stai con qualcuno solo perché dopo tanto tempo non hai il coraggio di affrontare la vita da single, o perché non sei sicuro che troverai mai qualcun altro, o perché non vuoi farlo soffrire abbandonandolo, allora la tua relazione non è basata sull'amore, ma sulla routine, sulla pigrizia e sulla vigliaccheria.

L'amore è vedere la migliore versione di se stessi negli occhi dell'altra persona; è volontà di dare senza per forza avere qualcosa in cambio; è la capacità di scendere a compromessi l'uno per il bene dell'altro, senza obblighi e senza imposizioni.

Capisci dunque che è una cosa molto rara, ed è per questo che è incredibilmente difficile trovarla e tenersela stretta! Perché viva per sempre all'interno della coppia ci vuole costanza, lavoro, determinazione e spesso tanta, tanta pazienza! E sì, certo, può essere faticoso. Ma ti ripaga con la felicità.

#TIDICOUNSEGRETO

Ho avuto diversi rapporti importanti nella mia vita, e ogni volta credevo di aver trovato il vero amore, almeno finché la storia non finiva e tutto ricominciava da capo. Non sai che sconforto! Ero arrivata quasi a credere che l'anima gemella non esistesse, o comunque non per me. Guardavo le coppie stabili e felici e mi convincevo che stessero insieme solo per abitudine. Non fraintendermi: non le giudicavo. Ma per me volevo qualcosa di diverso. Non sarei scesa a compromessi solo per "accasarmi".

La verità – e l'ho scoperta solo dopo, quando ho incontrato quello che sarebbe diventato mio marito – era che, pur essendo convinta del contrario, io l'amore vero non l'avevo mai conosciuto. Certo, avevo voluto molto bene ai miei ex; ma evidentemente non abbastanza da uscire indenne dalla fine della fase di innamoramento e approdare sana e salva a un rapporto profondo di fiducia e rispetto.

Poi ho incontrato lui: si è presentato alla mia porta e io gli ho aperto senza sospettare nulla del ruolo che avrebbe avuto nella mia vita. Dodici anni dopo siamo ancora insieme e ho finalmente capito cos'è l'amore per me:

Un sentimento di cui non devi accontentarti, il pensiero che ti rasserena nelle giornate più faticose, la forza di progettare insieme il futuro giorno dopo giorno, affrontando ogni sacrificio uniti.

IL PIÙ BANALE DEGLI ERRORI

Spesso, ed è uno sbaglio che in passato ho fatto anch'io, le coppie tendono a chiudersi e a escludere del tutto il mondo esterno, allontanandosi dalle amicizie e rifugiandosi nel loro nido per uscirne solo a relazione terminata! Sembra inevitabile, no? Stai così bene con la tua crush, non hai bisogno di nient'altro e nessun altro, vuoi solo crogiolarti nella tua romanticissima relazione e dimenticarti di tutto il resto.

Beh, è un errore MADORNALE.

Il segreto di una relazione duratura non è nella chiusura... ma nell'apertura!

Una coppia è formata da due persone. Due individui distinti e separati, ognuno con i suoi pregi e i suoi difetti, i suoi interessi e le sue peculiarità. Chi si annulla nella coppia perde la propria autonomia, trascura la propria personalità e finisce per perdere contatto con la realtà. È per questo che per mantenere in salute una coppia è necessario che chi ne fa parte mantenga i propri spazi di indipendenza, coltivi i propri hobby, rimanga in contatto con la propria interiorità e con i propri amici!

Non è facile, lo so: quando ci si innamora nulla sembra avere più importanza dei sentimenti. Trascuriamo i rapporti con gli amici, mettiamo da parte le nostre passioni e cominciamo a vivere in vera e propria simbiosi con l'altro. Ma è proprio questo genere di comportamento la ragione principale per la quale finiscono le storie.

Se dimentichiamo che prima di esistere come coppia esistiamo come persone...

Se rinneghiamo chi eravamo e cosa ci piaceva fare...

Se annulliamo ogni interesse che non comporti la presenza del nostro partner...

Inevitabilmente, sbagliamo.

E la cosa peggiore è che spesso lo capiamo troppo tardi, quando ci ritroviamo di nuovo single... e con un pugno di mosche in mano! Come si fa a evitarlo?

PER ME DUE ALI, GRAZIE!

È chiaro che, quando ci si butta in una nuova relazione, si dona tutto all'altro con piacere e senza il minimo sacrificio. Quella sensazione di novità, curiosità e passione è difficile da controllare, ma è meglio imparare a farlo. No, non ti sto consigliando di controllare i sentimenti, anzi: secondo me vanno sempre vissuti appieno. Ciò che voglio dire è che non bisogna mai dimenticarsi di se stessi. È fondamentale, per esempio, continuare a coltivare i propri interessi, a impegnarsi nello studio e nel lavoro... Insomma, non interrompere nessuna delle attività che compongono la nostra identità.

Niente e nessuno, nemmeno l'amore della vita, ha il diritto di porre limiti o vincoli immotivati alla tua identità e alla tua personalità.

Quindi non smettere mai di ritagliarti quel piccolo spazio soltanto tuo. E soprattutto non fidarti mai di chi ti chiede (o peggio ancora, ti impone) di farlo.

Non smetterò mai di dirlo:

CHI TI AMA, TI RISPETTA.

E capisce che se difendi i tuoi spazi, le tue abitudini, le tue amicizie con le unghie e con i denti non è perché tu non voglia condividerli, ma perché conservarli ti dà serenità. E chi è sereno ama meglio!

Rinunciare alla propria personalità o modificarla per "amore" di qualcun altro è una delle cose più rischiose che esistano.

Perché un "amore" che ti allontana dal resto del mondo non è amore: all'inizio può sembrare romantico, ma a lungo andare si trasforma in prigionia, ricatto e solitudine.

Quando una storia così finisce, inevitabilmente quello dei due che ha sacrificato la propria autonomia e la propria libertà per l'altro si ritroverà solo e spaesato, e soprattutto con un profondo vuoto dentro. Hai mai sentito quella famosissima frase che dice "siamo come due angeli con un'ala sola: possiamo volare solo restando abbracciati"? Beh, fammi un piacere: dimenticatela. Nessuno di noi dovrebbe mai essere un angelo con un'ala sola, capace di volare solo con l'aiuto di qualcun altro.

Sia tu che il tuo amore vi meritate un robusto paio di ali. Per poter volare anche da soli, ma decidere di farlo fianco a fianco.

L'amore vero per un'altra persona si nutre prima di tutto dell'amore verso noi stessi.

E noi tutti siamo il risultato della somma delle nostre esperienze, delle nostre passioni, del nostro modo di vedere le cose, che può conciliarsi tranquillamente con quello del nostro partner, certo, ma mai annullarsi del tutto.

Ricorda sempre chi sei, è questo il vero segreto per una relazione stabile, felice e duratura!

Andavi in palestra, perché mai hai smesso? Un bell'allenamento ti faceva sentire meglio, e questo contribuiva anche alla serenità della tua relazione.

E questo stesso ragionamento vale per tutto.

Frequentavi un corso d'arte?

Ti piaceva andare al parco a leggere un buon libro?

Passeggiare in solitudine ti aiutava a riflettere?

E allora... perché mai da quando sei in coppia hai smesso?!

"Perché preferivo passare più tempo col mio amore", risponderai. E lo capisco perfettamente. Soprattutto nei primi tempi, ci viene naturale rinunciare a tutto il resto per amore. Ma, se posso darti un consiglio che altrimenti comprenderesti solo dopo diversi anni di relazione, continua a prenderti i tuoi spazi e a lasciare alla tua crush i suoi. Sarà l'unico modo per confutare le teorie di quei famosi scienziati del Massachusetts… e farne una barzelletta da raccontare agli amici!

BELIEVE IN YOURSELF
I ♥ ME
U'RE CUTE

6 S.O.S. GELOSIA

Alzi la mano chi nella vita non è *mai* stato geloso del proprio partner.

Te lo assicuro: potremmo trovarci anche al centro dello Stadio Olimpico strapieno e non vedresti sollevarsi nemmeno un braccio.

Perché tutti, almeno una volta, abbiamo sperimentato un pizzico di gelosia sulla nostra pelle. E perché mai vergognarsene? Non solo è perfettamente normale, ma è anche un buon segno. Esatto, proprio così! Significa che teniamo davvero alla nostra crush. In pratica, per quella persona proviamo sentimenti tanto intensi da aver paura di perderla. La chiave della gelosia sta tutta qui.

E questo ci porta alla prossima, inevitabile domanda: da dove nasce il terrore di perdere chi amiamo? Le opzioni possibili sono due. O non ti fidi del tuo partner, o non ti fidi di ciò che provi e di ciò che sei *tu*. La parola chiave, in ogni caso, è *fiducia*.

La fiducia è il punto cardine di ogni relazione, soprattutto in amore. Da quanto ci fidiamo degli altri e di noi stessi dipende infatti la forza di ogni rapporto, ma anche la nostra salute mentale!

OPZIONE N. 1

Non ti fidi della tua crush. Ti sembra troppo vanitosa, strafottente, superficiale, non si cura dei tuoi sentimenti e soprattutto hai la certezza che appena ti allontani di un passo faccia partire il Festival del Flirt.

La prima domanda che devi porti, in questo caso, è semplice e diretta: ma che ci stai a fare con qualcuno che non ti dà sicurezza?

Portare avanti una relazione basata sul sospetto e sulla sfiducia significa tormentare gratuitamente se stessi e gli altri. E, soprattutto, dire addio al sonno di qualità. Sai a cosa mi riferisco, no? Parlo di tutte quelle notti passate a struggerti di gelosia immaginando le cose peggiori che potrebbero accadere alla tua relazione!

Che i motivi per la tua insonnia siano più o meno validi, stammi bene a sentire: nessuna relazione vale una bella dormita con la bolla al naso. Chi mina la tua serenità con comportamenti superficiali, egoisti o addirittura offensivi non merita un briciolo in più della tua attenzione, e nemmeno del tuo sonno.

Inoltre la gelosia non fa male soltanto a te, ma anche alla persona che dici di amare, perché inevitabilmente finirai per imporle un lungo elenco di divieti assoluti: no alle uscite con quegli amici lì che non ti piacciono, no alla discoteca, vietato allontanarsi da te più di qualche metro…

Su questo punto c'è poco da dire. Se non ti fidi, sappi che prima o poi accadrà: lascerai la tua crush, o sarà la tua crush a lasciarti.

Perché trascinare nel tempo una situazione destinata comunque a finire male? Perché perdere giorni preziosi avvelenandoti il fegato? Scusami se sono schietta, ma è meglio sbattere la testa contro la verità, per quanto scomoda possa essere, piuttosto che continuare a raccontarsi bugie, illudendosi. Se i comportamenti della persona con cui stai ti mettono a disagio, forzare la mano peggiorerà solo le cose. Chiediti se è quello che vuoi veramente: ti assicuro che, al netto dei legittimi dubbi, la risposta sarà NO.

OPZIONE N. 2

Non importa quanto ti dimostri il suo amore, non importano i suoi baci e i suoi complimenti, non importano le attenzioni che si premura di darti: al minimo sospetto di disinteresse, di distrazione o (tragedia!) di distacco da parte della tua crush, la tua mente comincia a proiettare le immagini di un film horror intitolato "Le corna".

Il protagonista assoluto di questo capolavoro?

La tua crush.

Il regista?

La tua paranoia.

Lo sceneggiatore?

La tua insicurezza!

Proprio così. Spesso il problema alla base della gelosia non sta nei comportamenti veri o presunti dell'altra persona, ma dentro di te. Non sai di cosa parlo? Allora lascia che ti faccia una domanda importante: sai riconoscere il tuo valore?

Magari sei di quelli pronti a mettere la mano sul fuoco sulla fedeltà del proprio partner. Non ti tradirebbe mai, è matematicamente certo. Eppure allo stesso tempo quel fastidiosissimo sentimento di gelosia non va via. È sempre lì, e non ti permette di vivere il rapporto con la serenità che meriterebbe.

Magari stai con una persona che non ti ha mai, ma proprio mai, dato alcuna ragione di preoccuparti.

Perché continui a immaginare che possa mentirti e tradirti, nonostante non ce ne sia mai stato motivo?

Perché vedi in qualsiasi altro essere umano che respira una possibile minaccia per il vostro rapporto?

La risposta è sempre quella: tutta colpa della mancanza di fiducia in se stessi. Che la si chiami self-confidence come va tanto di moda adesso o sicurezza, poco cambia.

Dietro alla gelosia c'è spesso una scarsa fiducia in te e nel tuo valore, che sfortunatamente è anche quella più difficile da conquistare.

IL PRIMO PASSO

Se la testa ti dice di fidarti del tuo partner, se in fondo al cuore sai che non c'è nulla di cui preoccuparsi, eppure continui comunque a provare una gelosia quasi ossessiva, non fai altro che urlare al mondo la tua fragilità emotiva. Hai paura di non essere abbastanza per l'altro. So cosa stai per dire: "Fragile, io? Ma figurati!". È difficile da ammettere, lo so, ma è la verità. E riconoscerlo è anche il primo passo per superare il problema e imparare a vivere felici, liberi da paturnie e ansie inutili. Niente male come risultato, no?

Ora, però, non facciamoci illusioni. Accrescere la propria autostima non è facile. Non è uno di quei cambiamenti che fai fermandoti un attimo a riflettere su tutte le tue qualità. Spesso le insicurezze derivano da vecchie ferite mai rimarginate, nascoste nei meandri del nostro inconscio, di cui neanche ricordiamo l'esistenza. Magari hai vissuto momenti complicati in famiglia o relazioni e amicizie passate ti hanno fatto soffrire e deluso tanto da portarti a dubitare del tuo valore.
Ripulire la mente da certe convinzioni è complicato. Ma ho una buona notizia: ogni impresa comincia con un primo passo. E il primo, importante punto di partenza per affrontare le nostre fragilità... è ammettere di averne!

CHI NON TI AMA, NON TI MERITA

Potrei scrivere fiumi di parole su quanto tu valga davvero, su quanto l'opinione della gente conti poco – se non proprio nulla –, su quanto sarai felice il giorno in cui ti accorgerai della tua infinita bellezza e unicità. Potrei, eccome se potrei. Ma la verità è che non servirebbe, perché quella convinzione devi averla tu, dentro di te. Ma proprio nella tua parte più intima e profonda. Altrimenti dimenticheresti le mie parole appena chiuso questo libro.

Il giorno in cui imparerai a credere in te, al primo sospetto che il partner ti nasconda qualcosa, ti fermerai, farai un gran respiro e poi penserai:

"Ehi, io amo davvero questa persona e non ho mai fatto nulla di scorretto"

"Quindi, se mi tradirà o deciderà di lasciarmi nonostante io abbia sempre dato il massimo, so che non sarà per colpa mia! Mi dispiacerà, ne soffrirò, ma sono consapevole di quanto valgo. E presto, se lo vorrò, al mio fianco ci sarà qualcun altro, qualcuno capace di apprezzare quanto valgo. Meglio non perdere tempo con chi non mi merita".

FREE

Ecco, queste parole dovresti tatuartele! E chiariamo subito un possibile malinteso: quella di chi sa quanto vale **non è presunzione, ma consapevolezza del fatto che ciascuno di noi ha un valore immenso.**

GODITI IL PRESENTE

No, purtroppo diventare persone sicure di sé non trasforma la vita in una fiaba a lieto fine con tanto di "e vissero per sempre felici e contenti". Non ti garantisce che la tua crush non ti lasci mai, né evita la sofferenza che accompagna la fine di ogni rapporto. Quella fa male, sempre. Ma un po' di sana *confidence* ti farà affrontare il presente in maniera rilassata e serena, che comunque non è poco. Ti permetterà di tirare fuori la parte migliore di te e avere un approccio positivo alla relazione che stai vivendo.

Attenzione, però! Non sto dicendo di bendarti gli occhi e far finta di non vedere situazioni sospette o poco chiare. Se la tua crush vive incollata al cellulare, si scioglie in un sorriso ebete quando riceve un messaggio ma poi sostiene che si tratta solo di sua nonna che lo invita a pranzo la domenica, beh, sarà meglio che tu ti faccia due domande. E non voglio neppure suggerire di cancellare totalmente quel pizzico di sana gelosia che a volte rende il rapporto anche più intenso e passionale. Ma saper distinguere la verità dai film mentali immotivati (soprattutto se sono drammi o, peggio, horror) è fondamentale. Per la coppia e, soprattutto, per la tua serenità.

#TIDICOUNSEGRETO

Da adolescente credo di essere stata la ragazza più gelosa della storia. Ero proprio campionessa mondiale di paranoie, roba da Guinness dei primati! E se qualcuno si azzardava a farmelo notare, io andavo su tutte le furie. Non volevo ammettere di avere, prima di tutto, un problema con me stessa. È che la mia *confidence* era bassissima. Anzi, in tutta sincerità era proprio inesistente.

Ricordo che il mio ragazzo dell'epoca, nonostante mi amasse davvero tanto, era arrivato all'esasperazione per alcuni miei comportamenti. Vedevo pericoli ovunque, anche dove non ce n'erano. Una volta sono arrivata in ritardo a un appuntamento e l'ho trovato a parlare con una ragazza sconosciuta. Mi sono avvicinata con il cuore a mille, gli occhi iniettati di sangue, lo sguardo killer... Va beh, hai capito. Ero arrabbiatissima. Pronta a scatenare la guerra. E mi sono fermata solo quando lui me l'ha presentata e ho scoperto che era sua cugina. Esatto, la sua innocente cugina.

E sai qual è la cosa più assurda? Ho continuato a essere gelosa, anche della cugina! Capisci il livello di follia?

Ammettere le proprie fragilità, anche solo a se stessi, è estremamente difficile. La strada più semplice è negare il problema: "Non sono io quella gelosa, è lui quello troppo socievole!".

Ho impiegato qualche anno per rendermi conto che la mia gelosia derivava dalla bassissima opinione che avevo di me stessa.

Io ero la ragazza con l'apparecchio, quella allegra e simpatica ma nulla di più, l'eterna amica, quella con cui i ragazzi cominciano a chiacchierare nella speranza di essere presentati alle amiche più *cool*. E questo mi ha segnato. Crescendo molte cose sono cambiate, ma non la considerazione che avevo di me stessa. Quella è rimasta ferma al periodo in cui ero "la ragazza simpatica".

Nonostante ci fossero persone che mi chiedevano di uscire, non riuscivo comunque a considerarmi bella. Una mia amica, una volta, è arrivata a dirmi: "Ma ce l'hai uno specchio in casa? Basta paranoie!".

Io però pensavo che mi facesse quei complimenti solo per tirarmi su di morale, pensa un po'!

E sai cosa ho scoperto, qualche anno dopo? Che nella mia classe c'era più di un ragazzo a cui piacevo, nonostante l'apparecchio. Avevano tentato di farsi avanti, ma io ero così impegnata a farmi mille paranoie che non me n'ero neppure accorta.

Il problema non è la bellezza, mai. Non sarà mai qualche brufolo o i capelli ribelli a determinare il tuo destino in campo sentimentale. La vera questione è come ti giudichi tu, come ti vedi, che opinione hai di te. Non sarai mai "abbastanza", se continui a credere di valere poco.

TROVARSI DALL'ALTRA PARTE

E se a essere preda di una perenne crisi di gelosia fosse, oltre ogni limite di ragionevolezza, il tuo partner? Sono certa che all'inizio accetteresti i suoi comportamenti con un sorriso, credendo che dietro alle sue fisse ci sia un fortissimo amore. Il mio consiglio è di non sottovalutare questi segnali: un semplice broncio tenuto quando esci per i fatti tuoi potrebbe con il tempo trasformarsi nel divieto di uscire in solitaria. Se arriva a controllarti il telefono, se si oppone con forza a ogni vestito giudicato "non adatto", se fa scenate perché sospetta di tutto, allora non è più semplice gelosia. È morbosa possessività.

In parole semplici:
non gli importa davvero di te, ma ti considera una proprietà. Sei "roba sua" e può disporre di te a suo piacimento.

In questo tipo di relazione manca totalmente quello che dovrebbe esserci nell'amore: la felicità di vedere il proprio partner realizzato nella vita. E sia chiaro, questo vale sia per le ragazze che per i ragazzi.

Queste persone stanno bene solo quando sentono di avere saldamente il controllo su tutto quello che accade all'interno della coppia.

#TIDICOUNSEGRETO

Se pensi che io stia esagerando, purtroppo ti sbagli. Non solo ho diversi amici con esperienze di questo tipo alle spalle, ma io stessa ne ho vissute in prima persona.

Anni fa un ragazzo era arrivato a rendermi la vita impossibile. Sono sincera: mi piaceva, e anche tanto. Era più grande di me, vedevo in lui una maturità che mi affascinava da morire. Aveva quella sicurezza a cui io stessa ambivo. Lo trovavo stupendo ed ero davvero presa, anche perché sembravo piacergli tanto. All'inizio mi trattava come una principessa: mi passava a prendere a casa, era disposto ad accompagnarmi ovunque, mi riempiva di complimenti. Se avevo bisogno di qualcosa lui era sempre presente, facendomi sentire protetta e profondamente amata. Stavamo insieme da qualche mese, quando una cara amica ha organizzato una festa di compleanno. Doveva essere una serata tra sole donne, e capirai bene che neppure per un istante mi è passata l'idea di andarci con lui. Non ci vedevo nulla di male, in fondo potevamo vederci dopo la festa o al massimo il giorno seguente. "Non c'è problema" ha detto lui. Beh, non ci crederai ma l'ho trovato fuori dal locale ad aspettarmi, furioso perché non avevo risposto ai suoi messaggi. Sinceramente, tra la musica ad alto volume e le chiacchiere, non avevo nemmeno sentito squillare il telefono! Gliel'ho spiegato, scusandomi, ma non è stato abbastanza. Lo avevo fatto preoccupare e non doveva succedere più: da quel momento avrei dovuto tenere il telefono incollato alla mano. La cosa incredibile è che non mi sono arrabbiata per quella reazione esagerata, anzi. Ho finito per sentirmi in colpa. Si era preoccupato perché ci teneva a me, pensavo. Ho ammesso di aver sbagliato e ho continuato a scusarmi per il resto della serata. Non sapevo che quella era solo la prima scintilla di un fuoco che avrebbe rischiato di bruciarmi.

Nelle settimane successive è arrivato a farmi cancellare da qualsiasi social network. Se ricevevo un messaggio voleva leggerlo con me, avevo rinunciato a indossare i miei jeans preferiti perché troppo aderenti. Sicuramente penserai che mi sono comportata da stupida, perché ero io a permettergli tutto questo. Ma ti assicuro che era bravissimo a giustificare ogni suo comportamento in maniera del tutto ragionevole e logica, e a farmi sentire amata ogni volta che mi comportavo come voleva lui. Mi aveva portata a credere che in una coppia in cui c'è vero amore certe situazioni sono normali. Guardandomi indietro, ora so che per sei mesi non ho vissuto. Finché un giorno è arrivata la classica goccia a far traboccare il vaso. Anzi, che dico: a far straripare il fiume.

Ero all'uscita di scuola, la mattinata sui banchi era appena terminata e dovevo tornare casa. Mentre aspettavo l'autobus, si è avvicinata una mia compagna per offrirmi un passaggio, perché suo fratello maggiore era venuto a prenderla in macchina. Odio i mezzi pubblici strapieni all'ora di pranzo, così ho accettato subito. Sono salita in macchina e ho visto raggiungerci di corsa lui, il mio fidanzato. Ha iniziato a urlare, poi ha infilato il braccio attraverso il finestrino abbassato per aprire la portiera. Mentre continuava a sbraitare parole che neanche ricordo, mi ha trascinato fuori dall'auto per un braccio, stringendomi così forte che mi sono rimasti i lividi per giorni.

Ricordo che non riuscivo a muovermi, né a dire una parola.

Ero sconvolta, non me l'aspettavo minimamente. Preoccupato da quello che era appena successo, il fratello della mia amica è sceso dalla macchina ed è corso verso di me, che ancora lottavo per non essere trascinata via. Ha spinto il mio fidanzato con tale forza da farlo cadere a terra, e per poco non facevo la stessa fine anch'io. Avevo la manica della maglietta strappata ed ero terrorizzata. Lui si è rialzato ed è scappato, senza dire nulla. Il fratello della mia amica mi ha accompagnato di nuovo alla macchina e finalmente mi ha riportata a casa.

Quel che è successo dopo te lo risparmio, ti dico che avevo paura anche solo ad affacciarmi alla finestra, per paura di trovarlo sotto casa. Non sono andata a scuola per giorni, fingendo di non sentirmi bene per non dover raccontare la verità ai miei genitori. **È stato un grande errore, perché mi avrebbero certamente protetta e aiutata!** Poi ho raccolto tutto il mio coraggio e sono tornata a scuola. Ho cambiato il numero di telefono e da quel momento non l'ho mai più incontrato.

Ti confesso che sono stata anche fortunata. A una mia amica non è andata così bene: è stata stalkerata per mesi, finché ha deciso di denunciare l'ex.

Non hai di idea di quante storie simili ci siano. Donne e uomini la cui vita è stata resa impossibile in nome di un falso amore. Beh, noi abbiamo il potere e il dovere di fermare tutto questo; di ricordarci che nonostante la musica e i film di Hollywood ci abbiano spesso insegnato il contrario, il vero amore non fa male.

VIVA LA LIBERTÀ!

Non ho mai più permesso a nessuno di trattarmi in quel modo, né tollerato comportamenti anche solo vagamente somiglianti a quelli del mio ex possessivo.

La difesa della nostra libertà personale è la prova d'amore più grande che possiamo fare a noi stessi e al nostro partner.

Imposta il rapporto in maniera chiara fin dall'inizio e non accettare piccoli o grossi soprusi – che si tratti di domande troppo insistenti su quello che fai quando non siete insieme o commenti su ciò che indossi – solo per paura di scontentare l'altro. Lasciare alla tua crush lo spazio per realizzarsi, cercare la felicità e costruirsi la vita sognata è la prova d'amore più grande. Perché si può scendere a compromessi su tante cose per amore, ma non sulla felicità di chi si dice di amare.

7 IO, TE... E TUTTI GLI ALTRI

Voglio farti una domanda: secondo te, è peggio tradire un amico o il proprio partner? Sono certa che la maggior parte delle persone direbbe che il tradimento è sbagliato in entrambi i casi, e sarebbe una risposta giustissima. Ma sono altrettanto sicura che, dovendo proprio scegliere, in molti finirebbero per ammettere che tradire la persona che si ama è più grave che tradire un amico.

Se ti ho fatto riflettere sulla questione è perché la mia personale esperienza mi ha convinto di questo: chi riesce a tradire la fiducia di un amico non avrà problemi a farlo anche con il proprio partner. Entrambi i rapporti infatti sono (o dovrebbero essere) basati sulla fiducia: chi non ha timore di ferire i sentimenti di un vero amico, perché dovrebbe averne a ferire quelli di un parner?

Ecco, questa è una considerazione che potrebbe esserti utile nel caso tu abbia dubbi sulla tua crush. Se sospetti che non sia la splendida persona che credevi, se stai cercando di mettere insieme i pezzi per capire se la tua fiducia sia ben riposta, il modo in cui tratta gli amici potrebbe rivelarti molte cose su cui riflettere.

IL MIGLIORE AMICO DEL MONDO

Non dico che tutti quelli che si sono comportati male in passato siano dei traditori seriali, sarebbe una semplificazione esagerata. Ma quando una persona dimostra di non farsi scrupoli, quando arriva a manipolare un amico vero, magari sfruttandolo per i propri comodi senza preoccuparsi dei suoi sentimenti, allora potrebbe comportarsi nello stesso modo anche all'interno della coppia.

Chi ha dimostrato una volta di essere capace di deludere le persone che credono in lui (o in lei!), spesso lo fa una seconda volta, e poi una terza, e così via.

O, messa più semplicemente: chi nasce tondo non muore quadrato. Si dice così, giusto?

Sia chiaro, non sto parlando di tutti quelli che in passato hanno commesso uno sbaglio.

Esiste anche chi capisce la portata dei propri errori e se ne assume la responsabilità, scusandosi con chi di dovere.

Ci mancherebbe! Il mio discorso non riguarda chi ha fatto un errore in buona fede, magari senza rendersene neppure del tutto conto. Riguarda invece chi tende a giustificare le proprie "bassezze" (pur sapendo perfettamente di essere nel torto marcio!), trovando sempre una scusa o dando la colpa agli altri per ripulirsi la coscienza. Beh, se hai una relazione con questo tipo di persona sappi che si comporterà con te esattamente come si comporta con tutti gli altri. Il suo "amore" non ti mette al riparo dalla sua superficialità, purtroppo. E chi affronta le relazioni umane con superficialità non è una persona di cui fidarsi.

ALLERTA ROSSA

Quando la persona per la quale hai perso la testa non si fa scrupoli a ridurti il cuore in mille pezzi, puoi consolarti pensando che non era davvero innamorata di te come sosteneva. Se le sue struggenti dichiarazioni d'amore fossero state sincere, non ti avrebbe mai ferito. Meglio perderlo che trovarlo, un tipo del genere, giusto?

Giusto. Peccato, però, che questa incredibile saggezza si conquisti sempre troppo tardi, e non ci metta al riparo dal versare litri e litri di lacrime.

E se invece fosse possibile capire *prima* che lui o lei non sono davvero innamorati e che state dando la vostra fiducia alla crush sbagliata?

Ti do una bella notizia: alcuni psicologi hanno individuato quelli che potrebbero essere i comportamenti di un partner infedele.

Eccone alcuni:

☛ **Porta il cellulare con sé ovunque,** non lo molla un attimo, neppure per andare in bagno o allontanarsi di pochi metri. Se non è stretto tra le sue mani, è in tasca, dove può immediatamente accorgersi di ogni messaggio o chiamata in arrivo.

☛ **Si presenta con regali inaspettati in giorni assolutamente normali e senza apparente motivo.** Li spaccia per regali fatti con il cuore, e di fronte alla tua perplessità si giustificherà dicendo che "non c'è bisogno di una festa per celebrare il nostro amore". Ora, non voglio essere cattiva a prescindere: al 99% la tua crush è realmente preda di una crisi di romanticismo. Ma se non ha mai fatto niente del genere prima, allora ti consiglio di indagare. Le possibilità sono due: o ti ama da morire o ti tradisce e cerca di mitigare i sensi di colpa a forza di mazzi di rose!

☛ **Non si fida a lasciare il suo telefono nelle tue mani**, nemmeno se ne hai bisogno per una telefonata urgente. O, comunque, se accetta di cedertelo non si allontana mai troppo, con la pazienza ridotta al lumicino. Attenzione, perché potrebbe anche essere forte in recitazione e ostentare una finta rilassatezza; se però ti sta attorno e non ti toglie gli occhi di dosso per controllare che non ti salti in mente di scorrere i messaggi ricevuti, allora è probabile che abbia comunque qualcosa da nascondere. Non dico di controllare il telefono, perché significherebbe solo ammettere una mancanza di fiducia nei suoi confronti. Potresti scegliere una via più giocosa: proponi alla tua crush di scambiarvi i cellulari. Se non ha nulla da nascondere, potrebbe tentennare ma non arriverebbe a rifiutare, perché sarebbe come ammettere di avere dei segreti. Una volta ottenuto il suo ok, non farlo davvero. Non è mai bello invadere la privacy degli altri, abbiamo tutti il diritto a scrivere agli amici senza che altri mettano il naso nelle nostre chiacchiere. Quel che davvero importa è la disponibilità ad aprirti le chat, non il contenuto del cellulare.

☛ **Se ha sempre, perennemente il telefono in modalità silenziosa.** Quando chiedi il perché, addurrà scuse del tipo "l'ho silenziato a lavoro/scuola/palestra e poi ho dimenticato di riattivare la suoneria". Se arriva a rifilarti un "ho avuto un'illuminazione mistica, ho ricominciato a frequentare la chiesa dopo dieci anni e lì vige la regola del silenzio", allora te lo dico: qualcosa potrebbe non andare come immagini!

BASTA FARSI FILM!

Tutto è possibile. Forse la tua crush ha davvero scoperto il romanticismo e i suoi regali sono fatti in buona fede. Chissà, magari non mente quando dice che aveva dimenticato di rimettere la suoneria dopo la palestra. Ma se ti riesce difficile crederci, se comunque non trovi completamente convincenti le spiegazioni che ti ha dato, allora ti conviene dare retta al tuo intuito e approfondire la faccenda. Ricorda però che c'è sempre anche l'altra possibilità. Forse sei tu ad avere un problema di gelosia e hai preso un enorme abbaglio. Va benissimo cercare delle conferme della fedeltà della tua crush in caso di dubbi, ma se non trovi nulla di sospetto o preoccupante, allora smetti di tormentarti e fai scorrere i titoli di coda dei tuoi film mentali. Se non ti fidi, perché continui a stare con quella persona? Sarà la centesima volta che ti pongo questa domanda, lo so, ma sappi che non mi stancherò mai di farlo.

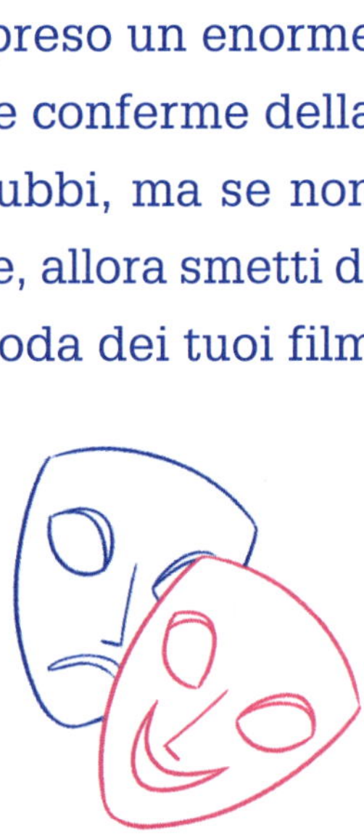

TUTTI BRAVI, A GIUDICARE PRIMA

Ora, mettiamo che un brutto giorno tu scopra davvero prove inconfutabili di un tradimento, qualcosa che va oltre qualsiasi possibile interpretazione. Leggi per errore un messaggio sul cellulare della tua crush, di quelli che in un secondo ti fanno crollare il mondo addosso.

Come ti comporti?

Sono certa che in molti urlerebbero allo scandalo e giurerebbero di non poter perdonare mai e poi mai un comportamento del genere.

Ho visto gente firmare con il sangue dichiarazioni di guerra, una volta smascherato il partner traditore.

Ho visto interi servizi di piatti volare e urla disumane mandare finestre in frantumi.

Ho visto facce paonazze, drammoni degni di una soap e rivendicazioni sputacchiate con foga.

E sai cos'altro ho visto spesso, dopo scene del genere?

Un ricongiungimento.

Proprio così: spesso le coppie tornano assieme come se nulla fosse successo. Ma perché, se le tragedie greche messe in piedi fino a poco prima facevano presagire l'esatto opposto?

La verità è che, per quanto si possa essere estremamente convinti di qualcosa, non si può mai prevedere senza margine di errore la propria reazione a certe situazioni. Finché non ti tradiscono, non puoi sapere cosa significa, e quindi non puoi neanche sapere come reagirai. Ed è per questo che non giudico mai chi decide di riprendersi la propria metà, nonostante quella gli abbia appena fatto omaggio di un palco di corna degne di un cervo.

See, ridi, ridi! Lo so cosa stai pensando: "Bel discorso, ma tanto la mia crush è diversa e certe cose non le fa". Ma la faccenda è seria. Le corna prima o poi capitano a tutti. Non si sfugge al cervo a primavera… E va bene, forse sto un po' esagerando. Ma il tradimento è più comune di quanto si creda, e molti non vengono mai neppure scoperti. Significa che queste parole potrebbero riguardarti molto più di quanto tu pensi!

#TIDICOUNSEGRETO

Ti ho già parlato della mia difficoltà a credere all'amore eterno, prima di venire piacevolmente sorpresa e smentita. Ecco, a volte ci ho messo del mio, nel non far funzionare le cose. Ho alle spalle una passata relazione finita proprio per colpa della mancanza di fiducia. Non ho mai scoperto alcun tradimento, ma l'amore è stato logorato dai miei troppi dubbi.

È stato come se tutti quei sospetti mi avessero portato a non sentire più il coinvolgimento dell'inizio, rubandomi la sicurezza e quindi anche la possibilità di vivere un rapporto sincero.

Se ci ripenso adesso, a mente fredda, mi dico che forse è stato proprio il mio disinnamoramento a portarmi a pensare che lui mi tradisse. Comunque siano andate le cose, di sicuro a un certo punto ho iniziato a notare comportamenti e piccoli dettagli ai quali prima non avevo mai fatto caso. Non si trattava mai di nulla di grave, ma non riuscivo a non pensarci: a volte ci davamo la buonanotte per messaggio e poi lui restava online. Impossibile non chiedersi a chi stesse scrivendo… Altre sere capitava che dimenticasse proprio del tutto la buonanotte. Ha iniziato a tornare dalla palestra sempre più tardi. Anche se non smetteva di ripetermi che mi amava moltissimo, qualcosa era cambiato. Lo sentivo. E non riuscivo più a credergli. Non ho mai trovato prove definitive (ma a essere sinceri, mai prove di nessun tipo…) che dimostrassero in modo inequivocabile se avevo ragione o torto a temere un'infedeltà.

Quella storia è finita perché ho smesso di fidarmi di lui, nonostante non avesse mai fatto nulla per meritarselo.

Quindi sì, potrebbe essere stata solo una mia paranoia portata all'ennesima potenza. Chissà se mi stava davvero tradendo, se aveva incontrato un'altra ragazza in palestra o se semplicemente ero io a farmi troppi film nella testa. Comunque sia, poco a poco il rapporto si è sfilacciato, e ancora oggi mi chiedo: i miei sospetti erano fondati? O rappresentavano solo la scusa più facile per giustificare la mia esigenza di farla finita con un rapporto che non mi faceva più sognare come prima? Probabilmente non lo saprò mai.

Ma una cosa, di sicuro, la so: alle volte il tradimento è uno stato mentale.

E SE A TRADIRE SEI TU?

E se fossi tu a tradire? Rilassati, nessuno ti giudica. Anzi, tieniti alla larga da chi lo fa. Il moralismo non mi piace e, anche se non ti dirò mai "complimenti, hai fatto bene a mettere le corna", so che dietro a ogni tradimento ci sono sempre delle motivazioni complesse, fatti che coinvolgono solo i diretti interessati e che nessun altro potrà mai davvero capire.

Queste sono domande che dovresti porti, di certo non per giustificarti agli occhi del mondo, ma perché è importante che tu sappia: Perché l'ho fatto? Non amo più la mia crush o avevo voglia di evasione?

Perché sì, a volte il tradimento rappresenta un atto estremo di ribellione.

Suona assurdo, ma credimi, la routine di coppia può trasformarsi in una gabbia da cui sogniamo di evadere. Hai presente quando ti sembra di non riuscire più a discutere di quel che provi con il tuo partner?

Quella sensazione può essere molto frustrante. A corto di soluzioni, finisci per sentirti impotente. E da qui a fuggire alla ricerca di consolazione altrove, il passo è breve.

Allora, qual è a questo punto la differenza tra te e quel tuo ex che ti ha spezzato il cuore tradendoti a più non posso? Non c'è, a meno che tu non voglia *fare la differenza*.

Sbagliare è umano; ma sei sempre in tempo a capire l'origine dei tuoi errori, a scusarti con chi hai ferito e a dimostrarti una persona migliore.

Le ragioni che hanno portato a tradire vanno analizzate. È importante capire qual è la causa profonda che ti ha portato tra le braccia di un'altra persona, per evitare di ripetere lo sbaglio.

L'AMORE È UNA TORTA INTERA

A volte non devi neppure trasformarti in un grande investigatore, per scoprire la verità. La spiegazione è facile: stai bene con la persona che dici di amare ma il coinvolgimento a livello fisico non è totale come vorresti, così ricerchi quell'emozione altrove, in altre persone. Ti svelo un segreto. Non è vero amore, quello che provi. Scusa la brutalità, ma è inutile girarci attorno.

Con il tradimento stai solo cercando di resistere in una relazione che non funziona come dovrebbe, per non rinunciare a un equilibrio che evidentemente giudichi comodo.

Stai facendo perdere tempo alla persona che dici di amare e lo stai perdendo anche tu. Sminuire la gravità di un tradimento appellandosi a un "movente" esclusivamente fisico, significa decidere di ignorare una scomoda verità. Il sentimento che ti lega al partner è incompleto. Nella vostra relazione manca qualcosa, ma l'amore non conosce mezzi termini, è assoluto oppure è un'altra cosa: **AFFETTO, STIMA, AMICIZIA.**

L'amore non è una torta di cui puoi servirti solo una fetta. L'amore è tutta la cheesecake, intera.

LA VERITÀ È SEMPRE LA SCELTA MIGLIORE

Se ti è capitato di tradire, l'unico consiglio che mi sento di darti è di analizzarti. Non risparmiarti alcuna domanda scomoda, cerca di capire le motivazioni che ti hanno spinto a comportarti in questo modo. Vai a fondo della questione, perché fingere che i problemi non esistano non è mai la soluzione migliore. Prima o poi vengono a chiederti il conto. Ti anticipo il risultato a cui dovresti arrivare: la verità. La devi alla tua metà (è quello che ci si aspetta in amore, giusto? Niente menzogne e rispetto reciproco…) e anche a te.

*E poi arriverà il momento temuto.
Quello in cui dovrai affrontare il partner.
Non raccontargli più bugie, però, ti prego.
Sarà difficile, lo so.*

E non aspettarti necessariamente una litigata brutale in cui urlerete le vostre ragioni accusandovi a vicenda. Anzi, è più probabile che vi ritroverete ad affrontare una conversazione da adulti, ma non per questo sarà meno doloroso.

Preparati a raccontare quel che provi con onestà, a condividere le tue perplessità.

Dovrai esprimerti con chiarezza, nessun giro di parole o mezza verità. E dovrai resistere alla tentazione di puntare il dito e di scaricare la responsabilità di tutto ciò che non funziona sull'altro. Non è colpa della tua crush se è successo: se avesse fatto qualcosa di male, avresti semplicemente lasciato, non tradito.

Qualunque cosa accada, ricorda sempre che la fine di un rapporto non segna anche la fine della vita.

Soffrirai, poi troverai nuova fiducia nell'amore e, quando sarà il momento, una nuova crush arriverà. Intanto, sarà sempre meglio essere soli piuttosto che vivere nella finzione e, persino peggio, nell'infelicità di una relazione che non funziona.

8

TROVARSI AL CAPOLINEA...

Ogni crush è unica, ma ci sono momenti comuni a ogni grande storia d'amore.

Il primo appuntamento.

Il primo bacio.

La prima volta che vi siete detti "ti amo".

La prima discussione e poi…

Il giorno in cui capite che tra voi è finita.

Esatto, proprio così.

E no, non si tratta del mio pessimismo cosmico.

La fine di una relazione fa parte della crush esattamente quanto il suo inizio (anche se, d'accordo, ricordare il giorno in cui vi siete detti addio non ti farà emozionare e battere forte il cuore quanto quello in cui vi siete baciati la prima volta…).

Interrompere una relazione significa accettare che il sentimento che provavi (e/o quello che provava la tua crush) è cambiato, si è raffreddato o magari è proprio scomparso. Aspetta, so quello che stai per dirmi! La vostra storia durerà per sempre, perché il vostro amore è diverso e speciale, giusto? Tutti siamo pronti a giurarlo, quando le cose vanno bene.

Ma devi guardare in faccia alla realtà.

Ciò che lega due persone può cambiare, e non sempre in meglio. Bisogna accettarlo.

Come andranno le cose dipende da un dettaglio di non poca importanza: sei tu a lasciare o è la tua crush a mollarti?

QUANDO È ORA, È ORA

Qualcosa è cambiato, lo senti a pelle. Quella sintonia pazzesca che vi univa è svanita. Scomparsa, totalmente. Le cose non vanno più bene come una volta e non puoi fingere che non sia così. Se sei tu a decidere di terminare la relazione, probabilmente arriverai a quella scelta con mille paranoie.

Ricorda sempre questo: una separazione rappresenta la sconfitta del rapporto d'amore che vi univa, ma è anche il trionfo dell'individuo che sceglie di pensare a sé. Basta sacrificarsi per l'altro: se non ti rende più felice, allora è giusto lasciarlo!

Detto così suona cinico, lo so. D'accordo, forse sono stata un po' dura, ma è per fare arrivare bene il concetto. Se ci rifletti un attimo, capirai che le cose stanno esattamente così.

Quando scegli di lasciare andare qualcuno, stai semplicemente affermando la tua volontà. Stai decidendo quello che è meglio per te. Certo, essere felici in questo caso ha un costo... Un costo che non sarai tu a pagare, diciamocelo. Dovrai prenderti tutte le responsabilità del caso. Assisterai alla sofferenza dell'altra persona e dovrai sopportare quella sensazione di fallimento che nascerà dall'aver messo fine a una relazione in cui credevi davvero (perché tu ci credevi, all'inizio, giusto?). Dovrai affrontare tutto a testa alta, e se ti risulta difficile pensa a quanto ti sentirai meglio dopo aver parlato con sincerità. In questo modo tutto sarà meno complicato da affrontare: e con "tutto" intendo possibili discussioni, pianti, scenate…

Ma non preoccuparti: se senti dentro di te la convinzione di aver fatto la scelta giusta, terrai duro.

E non significa che sei senza cuore, no! Significa solo che ti vuoi bene, e che ne hai abbastanza di sentirti ostaggio di una relazione che non ti dà più ciò di cui hai bisogno. Il romantico castello che tu e la tua crush avevate costruito è crollato, e il tempo di piangere sulla macerie è finito.

QUELLI CHE ASPETTANO

Magari però sei una di quelle persone che procrastina l'inevitabile. Perché per lasciare ci vuole comunque coraggio, e assumersi la responsabilità delle lacrime altrui non è facile. Soprattutto se con "altrui" si intende la crush che ancora ti adora, ha occhi solo per te e ti dichiara il suo amore a ogni occasione possibile.

Una via di mezzo tra chi molla da un giorno all'altro e chi tira per le lunghe sarebbe la soluzione migliore. Permette di essere sinceri ma anche di comportarsi con delicatezza.

Ricorda che la tua crush, forse, prova ancora dei sentimenti nei tuoi confronti. E tu non vuoi ferirla, vero?

No che non vuoi. Ma d'altra parte in un rapporto la sincerità è tutto, c'è poco da fare. Non puoi certo restarci insieme solo per non ferirla!

E quindi, che fare?

Personalmente credo nel dire la verità, nel modo giusto.

Lo stesso concetto, espresso in modi diversi, può suscitare reazioni completamente differenti. Pensaci. Anche se non vedi l'ora di tornare single, sarebbe meglio evitare un brutale: "Ascolta, non ti amo più. È meglio se ci lasciamo", magari pure mandato tramite WhatsApp perché non te la senti di affrontare la discussione faccia a faccia.

Immaginala invece così: vi guardate negli occhi, tu spieghi il tuo punto di vista, fai capire le tue ragioni, ascolti. Cerchi la sincerità, fino in fondo, prendendoti anche le colpe (nel caso ce ne siano, e di solito le colpe sono di entrambi). Molto meglio, vero?

CHI ADDOLCISCE LA PILLOLA

Lo so, stai per dirmi che è solo un modo per addolcire la pillola, e che il risultato finale non cambia affatto. Sicuramente al momento la pillola sembrerà meno amara, e forse qualcuno sceglie il "metodo dolce" per questo. Ma il risultato finale cambia eccome. Con una chiacchierata sincera, aiuterai la tua ormai "ex-crush" a comprendere i veri motivi della separazione. Eviterai che passi i mesi successivi a tormentarsi con mille paranoie, dandosi colpe inesistenti e pensando di avere fatto fallire la vostra stupenda storia con i suoi errori.

I sentimenti possono essersi raffreddati nel tempo, non è detto che qualcuno di voi due abbia fatto qualcosa di sbagliato. E allora, perché portare la persona che hai amato a crederlo, mollandola in modo brutale, apparentemente senza motivo? Perché farle pensare che sia tutta colpa sua?

Non farlo, fidati.

Glielo devi, in nome di tutto quello che c'è stato tra voi.

FORTE E CHIARO

Io do un'enorme importanza al passato. La persona che sono oggi dipende da ciò che ho vissuto. E quindi, mai rinnegare le scelte che hai fatto (quelle che, appunto, ti hanno fatto diventare chi sei) e, soprattutto, mai perdere l'opportunità di spiegarle a chi per te è stato importante.

Con i giusti modi, non solo il messaggio arriverà forte e chiaro, ma sarà anche accettato e digerito meglio.

Quando insisto sui "modi giusti" non sto affatto suggerendo di essere falsi, ma di comportarsi con correttezza nei confronti di chi si è baciato, coccolato e protetto per mesi o addirittura per anni. Pensa a quando stavate insieme. Che avresti fatto se qualcuno avesse osato ferire la tua crush?

Scommetto che l'avresti difesa con le unghie e con i denti, giusto?

Bene, perché adesso dovresti essere tu quella persona crudele?

Attenzione, i modi gentili non risparmieranno l'inevitabile sofferenza che si prova a venire lasciati. Ma certamente permetteranno alla tua crush di elaborare il "lutto" in maniera molto più costruttiva.

LA PAUSA DI RIFLESSIONE

Ma il peggio di tutto, peggio perfino di chi dice addio con un messaggio, è altro. Il vero incubo è chi non lascia definitivamente. Per evitare di assumersi le proprie responsabilità, per non mettere un punto definitivo alla fine di una storia e tenersi una porta aperta, per insicurezza e codardia, uno dei due decide di prendersi la famosa "pausa di riflessione", ovvero un periodo di durata spesso indefinita (che può andare da due giorni a duecento anni) che dovrebbe servire a schiarirsi le idee sui sentimenti che si provano.

E chiariamoci: è assolutamente legittimo.

A volte abbiamo bisogno di prendere per un po' le distanze da una situazione per valutarla con lucidità e prendere la decisione giusta.

Peccato però che questo escamotage del tutto legittimo venga il più delle volte utilizzato come semplice scusa per sparire e non tornare più indietro, né per lasciare né per continuare la relazione.

Purtroppo, è più frequente di quello che si pensa. E la sofferenza per chi aspetta è atroce!

Insomma: è vero che quando non si è più sicuri di ciò che si prova bisogna agire con sincerità e coerenza. Ognuno ha il diritto di fermarsi, se ne sente il bisogno. Ma è importante che la pausa di riflessione sia davvero costruttiva e utile per capire cosa si vuole, e non la scusa vigliacca di un partner "coniglio" che non vuole prendersi la responsabilità delle proprie azioni.

Bisogna sempre distinguere tra chi ha davvero bisogno di tempo e chi se lo prende soltanto perché è troppo codardo per dire le cose come stanno.

Se mai ti troverai nei panni di chi vuole lasciare, sii una persona coraggiosa. Sii una persona rispettosa.

Magari oggi non ami più;
ma se hai amato, devi rispetto.

IL FANTASMA DELLA TUA CRUSH...

A volte, però, accade che quella persona approfitti della pausa di riflessione per sparire del tutto dalla tua vita, senza spiegazioni. Diventa un fantasma, sempre presente nella tua mente, ma solo lì. Forse, all'inizio, arriverà ancora qualche messaggio o qualche telefonata. Ma, quando salirà il livello di insofferenza e comincerai a pretendere delle risposte (cose semplici come "stiamo insieme o no?"), lo spettro chiederà più tempo. Ti propinerà scuse di ogni tipo, sicuramente sentirai un "mi dispiace ma non ho ancora le idee chiare". Arriverà a implorarti di non mettergli fretta. Sta riflettendo…

E tu, mentre la tua crush riprenderà la sua vita, sarai lì ad attendere. In nome dell'amore che ancora vi lega, sarai in trappola. In una relazione, ma con chi?

Perché una pausa abbia senso, deve concludersi. E ci sono solo due possibilità: o vi lascerete o continuerete a stare insieme.

Se invece questa richiesta di tempo fosse solo la scusa perfetta per allontanarsi per sempre senza prendersi la responsabilità di mollarti o, ancora peggio, una furbata fatta per lasciare una porta aperta perché "non si sa mai, magari decido di tornare insieme", allora non va affatto bene. Chi è ancora innamorato, non solo attenderà il ritorno della sua crush soffrendo, ma lascerà in sospeso la propria vita. Il senso di abbandono persisterà per molto tempo e, in eventuali relazioni future, porterà anche al terrore che quella brutta esperienza possa ripetersi, creando un senso di insicurezza enorme.

Che cosa orribile!
Ti prego, non farlo mai a chi ami!

E se invece ti trovassi dall'altra parte, cioè a "subire" i comportamenti di un partner fantasma, il mio consiglio è: NON STARCI. Non esitare a lanciare un ultimatum: o con me o senza di me. Punto.

#TIDICOUNSEGRETO

Ho sempre preferito essere lasciata, piuttosto che lasciare. Penserai che sono pazza, vero?

Tutti credono che essere "quello che lascia" faccia meno male. Ma siamo proprio sicuri che sia così? Io dico che dipende tutto dall'importanza che hai dato alla relazione.

Se la tua crush ti ha fatto soffrire o il rapporto non si è rivelato poi così profondo, allora ti do ragione. Ma se il vostro amore è stato intenso, vissuto davvero, se ha lasciato ricordi positivi, allora non vorrei mai essere la persona che dice "basta, è finita". È davvero un punto di vista personale, me ne rendo conto. E dipende da una scottatura ricevuta anni fa, alla fine di una relazione molto seria e importante. Lui era ancora molto preso e innamorato, io annaspavo cercando quella boccata d'aria fresca che avrebbe potuto ridare fiato al nostro rapporto. Non aveva fatto nulla di male, no. Era semplicemente finito l'amore.

Si era trasformato in un'amicizia perfetta, una stima profonda, ma della passione di un vero amore non c'era più traccia.

Ho tentennato per mesi, indecisa. Avevo paura che lasciarlo fosse un errore. Infine ho capito di non poter andare avanti così. Era tempo di affrontare il problema.

Ho programmato di parlargliene la sera successiva. Destino ha voluto che, proprio il giorno dopo, sia successo qualcosa di inaspettato. Una situazione grave, che preferisco non raccontare per rispetto nei confronti di quella persona, ma che ha sconvolto tutto.

Non potevo lasciarlo, non in quel momento, proprio mentre stava soffrendo per altro. Credimi, sono state settimane interminabili. Ho tenuto duro, restandogli vicino senza rivelare nulla. Proprio non me la sentivo di infierire su di lui in un momento già difficilissimo. Non volevo e non lo ritenevo neanche giusto. In fondo, gli volevo ancora davvero bene, nonostante l'amore fosse finito. Nella mia mente erano ancora vividi i ricordi di tutte le esperienze vissute insieme, dei sorrisi e dell'affetto che ci eravamo sempre scambiati. Ho preferito aspettare che le acque si calmassero, prima di parlargli. Sono state settimane lunghe, ma non me ne pentirò mai. Per lui, essere lasciato è stato comunque un duro colpo. Ma il modo in cui è successo, con un discorso onesto e sincero, lo ha aiutato a comprendermi e ad accettarlo.

C'è bisogno di tanto amore anche per lasciarsi.

NON FINISCE IL MONDO

E se la situazione fosse all'opposto? Magari è la tua crush a dirti che tra voi non c'è più nulla. Ti è già capitato almeno una volta? Credo proprio di sì. È finito il mondo? Beh, se stai leggendo questo libro significa che no, non è successo nulla del genere. Ecco, potrei fermarmi qui. Cos'altro c'è da dire? Pensaci. La morale della favola è in queste due parole: si sopravvive.

Ovviamente, penserai che la stia facendo troppo semplice. È vero, si piange, si soffre, ci si strugge, magari ci si illude anche di avere un'altra possibilità. Ma, alla fine, la vita riprende. Non è così? A volte ci complichiamo l'esistenza con domande che non hanno senso.

Ci tormentiamo, domandandoci: "E ora cosa farò senza il mio amore?".

Lo stai già facendo! Stai respirando, stai pensando con la tua testa, ti stai già ponendo domande che prevedono l'utilizzo di un verbo al futuro. Che cosa farai? Andrai avanti.

TU, PRIMA DI OGNI ALTRA COSA

Qualcuno ha detto che si vive insieme, ma si nasce e si muore da soli.

Quanto è bella questa frase, vero? Dice tutto ciò che devi sapere. Scrivila sul tuo diario, sull'agenda o su di un post-it da attaccare al frigorifero, per averla sempre a portata di sguardo!

"Nasciamo soli": e non importa tutta la fatica che ha fatto tua madre per metterti al mondo: lei è stata fondamentale, ma sei tu ad avere visto la luce, facendo sentire la tua voce per la prima volta. "Viviamo insieme": cresciamo grazie all'aiuto e all'amore dei nostri genitori, condividiamo la vita con i nostri amici e ci innamoriamo di qualcuno sperando che sia per sempre.

Ma alla fine di tutto, "moriamo soli": forse qualcuno ci stringerà la mano per gran parte del percorso attraverso la nostra vita, ma l'ultimo pezzo di strada dovremo farlo noi. E non leggere le mie parole come fossero tristi, perché semplicemente è così che va.

Rifletterci ti fa capire quanto sia prezioso ogni tuo

giorno e quanto non dovresti permettere a nessuno di rovinarlo. Speriamo sempre che chi ci circonda agisca a fin di bene, che le parole degli altri siano piene di affetto. Vogliamo essere amati davvero. E tantissime volte sarà così ma, se non accadrà, ricorda sempre chi sei e ciò che ti spetta.

**Meriti il meglio, sempre,
e non dare retta a chi cercherà
di convincerti del contrario.**

Non permettere a nessuno di ferirti al punto da farti dimenticare questa verità e distoglierti dal tuo percorso verso la felicità. Vuoi davvero perdere tempo dietro a qualcuno che ha deciso di vivere al meglio la sua vita senza di te? Non credo proprio…

Dovresti sempre ricordare che la tua serenità vale almeno quanto quella degli altri e comportarti di conseguenza. Se provi ancora amore, ma la tua metà decide di lasciarti per prendere una strada diversa, dovresti pensare questo: sta facendo ciò che meglio crede della sua vita. E tu? Lo stai facendo?

Lo so, il tuo "meglio" sarebbe stato continuare la vostra relazione. Ma non cadere nell'errore di fartene una colpa, se per l'altra persona non è più così. Ci sono cose nella vita che non dipendono da te, purtroppo. Non resta che accettarlo e imparare a ripartire, più forte di prima.

Inserire la retromarcia e rimanere fermi, parcheggiati nel passato, non renderà le cose più facili, fidati.

GUARDA AVANTI!

Pensi di avere delle colpe per la fine del rapporto? Hai davvero fatto qualcosa di tanto terribile da convincere la tua metà a prendere il volo e allontanarsi da te?

Ok, allora prova a spiegarti, dimostra tutto il tuo rimorso e il tuo sincero pentimento. Prova a conquistare nuovamente la tua crush. Provaci pure, se ne senti il bisogno.

Ma ascolta il mio consiglio, se non funziona non perdere giorni, settimane, mesi della tua preziosa esistenza per rincorrere qualcuno che non vuole più stare con te.

Continuando a sbatterci la testa, stai solo dimenticando quanto è sacra la tua vita. Abbandona ogni rimorso: c'è già qualcun altro in cammino verso di te, pronto a percorrere al tuo fianco un nuovo pezzo di strada. So che non ci credi, soprattutto se la delusione d'amore è recente. Ma, quando accadrà, pensami. Vedrai che ti troverai a dire: "Forse quella tizia del manuale aveva ragione!".

Ci vorrà del tempo, è probabile che passerai attraverso parecchie nuove esperienze, prima di incontrare la persona giusta.

Ma, nel frattempo, rendi onore a ogni tuo giorno. Vivilo al meglio e non sprecare neanche un attimo.

Perché, come diceva Gandhi: "La vita non è aspettare che passi la tempesta, ma imparare a ballare sotto la pioggia".

LOVE IS LOVE
RAINBOW

9

AMA CHI VUOI

Al cuore non si comanda

Così recita un famosissimo detto che sicuramente avrai sentito mille volte. Significa che non puoi decidere tu di chi innamorarti.

Eppure ancora oggi c'è chi fa fatica a dichiarare il proprio amore perché ha paura che il mondo lo giudichi sbagliato. Esatto, c'è chi tiene tutto dentro, limitandosi a sospirare guardando la propria crush da lontano. Magari è successo anche a te, che l'emozione sia stata così intensa da lasciarti la bocca completamente asciutta, incapace di proferire parola.

Ma non parlo di questo. Non mi riferisco a chi non si dichiara per timidezza, ma a chi si blocca totalmente per paura di quello che potrebbero pensare gli altri. Sembra una barzelletta, ma purtroppo non lo è: c'è gente che punta il dito verso chi ha una crush del proprio stesso sesso. Ci scherza su o, nell'ipotesi peggiore, arriva proprio a sostenere che non dovrebbe succedere.

Ma non eravamo tutti d'accordo nel dire che al cuore non si comanda?

Magari a leggere questo ti si è sollevato un sopracciglio fino all'attaccatura dei capelli.

Magari starai pensando: "Nadia, ma dici davvero?".

Beh, abbassa quel sopracciglio e apri bene le orecchie, perché sto per parlarti di un argomento terribilmente serio!

CONSIGLI NON RICHIESTI

Partiamo dal principio che ognuno è liberissimo di pensarla come vuole, non ho nulla contro chi dice con onestà quello che pensa. Quello che però mi disturba profondamente è il volere per forza esprimere un'opinione anche a costo di ferire la persona verso cui è diretta. Molti ribadiscono l'importanza di urlare al mondo ciò che si pensa, come se dire tutto ciò che ti passa per la testa fosse un pregio. Sai cosa?

Io invece rivendico a voce alta la bellezza del silenzio. Se una parola ferisce, molto meglio tenerla per sé.

Dovremmo fare più attenzione a quello che esce dalla nostra bocca, davvero. Riflettere, prima di parlare. E se non riteniamo giusto un comportamento altrui, di qualunque tipo, dovremmo fermarci e chiederci: "C'entro io o sono fatti privati di un'altra persona, faccende che non mi riguardano assolutamente e nelle quali non ho alcuna ragione di intromettermi?".

Prova a vederla così: esprimere la tua opinione cambierebbe qualcosa?

Credi che un ragazzo innamorato di un altro ragazzo smetterebbe di provare quel sentimento solo perché tu... non sei d'accordo?

Potrebbe farlo stare meglio dirgli che a tuo modesto parere la sua crush è del tutto sbagliata e che dovrebbe provare a uscire con una ragazza?

No, vero?

Bene. Allora siamo d'accordo, dare un consiglio non richiesto a una persona innamorata non serve a un emerito ca... volfiore! E rivolgergli un insulto men che meno.

LOVE IS LOVE

Puoi innamorarti di una donna o di un uomo, puoi anche non porti proprio il problema: siamo tutti esseri

umani e non abbiamo bisogno di etichette. "Love is love", senza differenze. Chi diavolo siamo noi per giudicare? Il cuore parla da sé, e anche chiaramente. Non ti chiede il permesso, prima di farti sentire attratto da qualcuno. È la crush, bellezza! E tu non puoi farci nulla. Non crederai davvero che solo agli eterosessuali possa battere il cuore, che solo a loro possano sudare le mani, che solo loro possano sentire le farfalle svolazzare nello stomaco?

Come ti sentiresti se qualcuno venisse a dirti di chi puoi innamorarti? E magari aggiungesse un "No, guarda, scelta sbagliata. Mi spiace, tenta di nuovo"?

Che poi, diciamocelo chiaramente, ma che importanza ha di chi si innamorano gli altri? Sono cose che riguardano solo gli interessati, nessuno sarà lì a osservare una nuova coppia di piccioncini che va a cena per la prima volta insieme, che si stringe la mano con gli occhi a cuoricino, scambiandosi il primo bacio. Nessuno ha il diritto di sindacare sulla nascita di una nuova crush e soprattutto di giudicarla. Perché non sono fatti né miei né tuoi, ma solo dei due innamorati!

LIBERI DI AMARE

Qual è il senso ultimo della vita? Che domandona da un milione di dollari, vero? Se la facessero a me, non avrei dubbi. Viviamo per essere felici.

Già, tutto qui.

Suona persino un po' banale, lo so.

Eppure non è affatto scontato. E ancor meno scontato è comprendere profondamente il significato di quella frase. Che cosa ci rende davvero felici? Ciascuno risponderà a modo suo, e spesso passiamo la vita a cercare la risposta a questa fatidica domanda, perché essere felici è la cosa più difficile di questo mondo. Ma innamorarsi, quell'esplosione nel cuore, quel terremoto di sentimenti, si avvicina terribilmente al concetto.

E allora come puoi pensare di negare questo diritto a qualcuno solo perché la sua crush non ti piace?

Non mi viene in mente nulla di più crudele che vietare a due persone di amarsi.

Dunque, nella tua testa puoi pensarla un po' come vuoi, ma deve restare lì. Non hai nessun diritto di colpire il cuore altrui con i tuoi giudizi. La stessa libertà di espressione che rivendichi per te, devi concederla anche a chi la vede diversamente. Altrimenti definirti una persona libera sarebbe ipocrita, perché staresti guardando il mondo dalla gabbia dei tuoi pregiudizi, attraverso la paura che provi nei confronti di ciò che non capisci e non conosci.

Ma sono certa che sei d'accordo con me su tutto, e che questo discorso è inutile. Perché tu non sei quel genere di persona che quando vede due ragazze mano nella mano comincia a ridacchiare in imbarazzo, vero?

#TIDICOUNSEGRETO

In questi anni ho parlato spesso, sia nei miei video su YouTube che nel mio podcast, di tematiche LGBTQ. Ho approfondito la filosofia queer e raccolto le vostre esperienze di vita e di coming out. E questo ha incoraggiato in tanti a scrivermi. Tra le molte mail, me ne è arrivata una che mi ha lasciato letteralmente senza parole. Non ne ho mai parlato sul web per proteggere l'identità di quella persona, ma ammetto che la sua storia mi ha colpito moltissimo. Tanto che poi abbiamo continuato a scriverci e ho cercato in ogni modo possibile di far sentire la mia vicinanza e il mio supporto.

Andrea (chiamiamolo così, ma sappi che si tratta di un nome di fantasia) mi ha raccontato di essere stato cacciato di casa dopo aver fatto coming out con i suoi genitori. La sua colpa è stata aver raccontato in famiglia di essersi fidanzato con un ragazzo. Per anni Andrea ha tenuto segreto il suo orientamento sessuale, senza rivelarlo a nessuno. Fingeva di essere chi non era, per paura di non essere accettato o capito.

Mentire è dura, soprattutto se sei costretto a farlo per anni.

Così un giorno, incoraggiato da un video che avevo caricato su YouTube, ha deciso di tirare fuori la verità e parlarne con i suoi genitori, le persone che più al mondo amava.

Sapeva che sarebbe stato un momento difficile, ma non immaginava quanto. Dire che non l'hanno presa bene è un eufemismo. È stato un disastro, fidatevi. Andrea mi ha raccontato particolari che preferisco non rivelare. Reazioni troppo violente e terribili. E, alla fine, l'ultimo ricordo che Andrea si è portato via di casa, con le valigie in mano, è quello della porta che suo padre gli ha sbattuto in faccia.

Quando tutto questo è successo, Andrea aveva diciotto anni, era ancora uno studente e non lavorava. Non sapendo che fare, sconvolto e in lacrime ha telefonato al suo fidanzato, che è corso a prenderlo. L'ha portato a casa sua, dove tutta la sua famiglia lo ha accolto a braccia aperte. Erano disposti a ospitarlo e aiutarlo.

Purtroppo, come potrete ben immaginare, non poteva finire così. Quelli che lo avevano cacciato erano comunque i suoi genitori, e l'amore di un figlio verso la propria madre e il proprio padre non si spegne da un giorno all'altro, neanche dopo un rifiuto del genere.

La ferita che gli avevano procurato era profonda.

Andrea non riusciva più a mangiare. Andava a dormire e piangeva a lungo prima di addormentarsi. Si stringeva al cuscino per soffocare i singhiozzi e non svegliare il suo fidanzato. Non voleva farlo preoccupare, né sembrargli un ingrato. In fondo, era stato accolto con amore. Ma nel silenzio della notte piangeva tutte le lacrime che aveva, pensando ai suoi genitori e domandandosi se li avesse persi per sempre. Sapeva di non avere colpe, ma non riusciva a scollarsi di dosso quell'idea: forse era lui a essere sbagliato…

Alla madre del suo ragazzo non era sfuggita la

situazione. Si era accorta che Andrea era sempre più cupo, triste, pensieroso. Aveva tentato di parlare ai suoi genitori, aveva telefonato loro senza dirlo ad Andrea, ma presto si era accorta che era tutto inutile. Era stata una conversazione spiacevole, conclusasi bruscamente senza che fossero riusciti a capirsi. Non riuscivano proprio ad accettare l'idea che il figlio fosse innamorato di un ragazzo. Pensavano al loro futuro, al nipotino che non avrebbero mai potuto avere. Non riuscivano a superare l'imbarazzo che avrebbero provato quando amici, vicini e parenti avrebbero scoperto la verità e visto il loro Andrea camminare mano nella mano con un altro ragazzo. Per loro era un trauma. A quei due non era minimamente passato per la testa che a essere inaccettabile era stato, in verità, il loro comportamento. Si vergognavano di Andrea ma non provavano imbarazzo al pensiero di avere buttato fuori di casa il proprio figlio, sangue del loro sangue. Così, da un giorno all'altro, senza preoccuparsi del suo futuro.

Ma cercherò di attenermi alla storia ed eviterò giudizi personali.

Oggi Andrea frequenta l'università e lavora per mantenersi. Ama ancora lo stesso ragazzo, quello che nel momento del bisogno è corso da lui. Ed è tornato a casa dei suoi genitori. Sì, con il tempo hanno avuto modo di riflettere e di comprendere. La lontananza li ha costretti a ragionare. Hanno capito che la felicità del loro figlio veniva prima di ogni altra cosa. E quando si sono finalmente rivisti, l'abbraccio che si sono scambiati è stato più forte di tutto.

Andrea ha capito che, sotto la paura e le incomprensioni, c'era ancora amore. E da lì bisognava ripartire.

E non dimenticherò mai il "grazie" che mi ha scritto quel giorno.

Le mie parole avevano contribuito a dargli il coraggio di esporsi e smettere di fingere, e ora finalmente era libero.

Gli ho risposto che non c'entravo nulla, io. Aveva fatto tutto lui, con la sua forza, il suo coraggio e quella irrefrenabile voglia di vivere senza nascondersi.

TI AMO, MA NON DIRLO A NESSUNO

Ora immaginati questa scena: stai passeggiando con la tua crush, voi due insieme, ed è romanticissimo. Continuate a fermarvi per guardarvi negli occhi, sembrate proprio usciti da uno di quei film così melensi che quasi fatichi ad arrivare alla fine.

Siete mano nella mano, quando all'improvviso compare qualcuno da dietro l'angolo e la tua dolce metà si irrigidisce e si allontana da te. Ci metti un istante a capire: non vuole che nessuno sappia che state insieme. Come intravedete all'orizzonte un conoscente, smettete di comportarvi da innamorati e vi trasformate in amici che passeggiano chiacchierando del più e del meno. La tua crush si vergogna di te.

Come ti sentiresti, in questa situazione?
Te lo dico io: con il cuore a pezzi!

Ecco, un ragazzo (o una ragazza… Tanto hai capito il concetto, vero?) che deve nascondere la propria storia perché ha paura di essere additato come "quello gay" fa esattamente questo alla persona che ama. Le infligge un colpo mortale al cuore. Non presenterà mai il suo partner agli amici, figurarsi in famiglia. In pratica, non permette all'amato di diventare davvero parte della sua vita.

Questo non dovrebbe succedere, mai. Nessuna coppia dovrebbe mai sentirsi costretta ad amarsi in segreto, per paura di essere giudicata, perché significa umiliarsi a vicenda ogni giorno. Ciascuno di noi può dare il suo contributo, accettando che non esiste amore sbagliato.

DIMMI CHE PER TE SONO OK...

Come ho detto, la più grande paura di chi non esce allo scoperto facendo coming out è quella di essere giudicati. È comprensibile, ti domandi "che penseranno di me" in un milione di situazioni molto meno importanti, figuriamoci in questo caso.

Il giudizio degli altri, soprattutto quello di chi amiamo, influenza la maggior parte della nostra esistenza. E anch'io trovo davvero importante che i miei parenti e amici più stretti abbiano una buona opinione di me.

Sentirsi amati e accettati aumenta l'autostima e aiuta ad avere un approccio positivo rispetto alla vita.

Pensaci. Se una persona molto importante per te fosse d'accordo su una tua scelta o ti facesse i complimenti per il tuo comportamento, non ne saresti entusiasta? Puoi essere la persona più forte del mondo, ma supporto e apprezzamento danno una scarica di felicità.

Dunque, c'è poco da fare. Il giudizio positivo di chi ti circonda e fa parte della tua famiglia è fondamentale. C'è chi lo riconosce, e chi mente.

LA VITA È UNA, ED È SOLO TUA!

Il giudizio degli altri è importante, su questo siamo d'accordo. Però, a rincorrere l'approvazione altrui corriamo un rischio. Magari anche inconsciamente e senza rendercene del tutto conto, tendiamo a cercare di accontentare le persone che amiamo. Ci trasformiamo nella versione di noi che più possono apprezzare. Lo facciamo per non deluderle, per sentirci accettati.

E per lo stesso motivo, potremmo finire per nascondere alcuni lati di noi, spaventati all'idea che non siano compresi.

È normale ragazzi, fa parte della vita. Siamo umani. Il punto è che, spesso, dimentichiamo che in quella famosa cerchia di persone di cui ci importa tantissimo ci siamo anche noi stessi. Ci interessa il parere degli altri e non ci fermiamo neanche a riflettere su quello che è giusto per noi. Facciamo passare in secondo piano le nostre opinioni, i nostri valori, quello che troviamo giusto. E magari qualcuno arriva a nascondere ai propri genitori un fidanzato o una fidanzata giudicati "inaccettabili".

Quando ti guardi allo specchio, sapendo di star nascondendo il tuo vero "io" per paura che gli altri non lo accettino, dimentichi che anche tu conti, più di chiunque altro.

Il giudizio più importante al mondo resta il tuo.

Magari risponderai: "Beh, anche mia madre è importante per me. Non voglio perderla". Certo, hai ragione!

Ma stiamo parlando della *tua* vita, della *tua* felicità, delle *tue* scelte personali. Della *tua* crush.

Chi ti ama ti accetta.

E non pensare che la stima che hai di te dipenda solo dagli altri.

Essere circondati dall'affetto di famiglia e amici è importantissimo, ma non sarai mai davvero soddisfatto se sacrifichi ogni giorno una parte di te per paura di deludere gli altri. Fingere di essere chi non sei non è una soluzione a lunga durata, perché significa vivere imprigionato nelle menzogne che hai costruito con le tue mani.

Quindi prenditi del tempo, scegli attentamente le parole, preparati prima. Trova il modo giusto per te, ma fallo. Dichiara apertamente chi sei e che cosa desideri nella vita. Non sarà facile, ma sarà sempre meglio che continuare a mentire. Non lasciare a nessuno il potere di dirti chi devi essere. Di' la verità, a testa sempre alta come una regina che indossa la sua corona!

10

LA CRUSH PERFETTA

MAI PIÙ SINGLE

Sarò sincera, non mi è mai piaciuta la parola "single". Il problema è che generalmente la si usa per definire qualcuno che non è fidanzato, non è innamorato di nessuno o non è ricambiato (e, in questo caso, ci si immagina un single tristissimo, che sospira disperato scorrendo le foto della sua crush non corrisposta). Insomma, in fatto di amore il single dovrebbe stare a zero, nell'immaginario comune.

La verità è che, se volessimo vederla così, allora io sono stata single solo fino ai sedici anni, non un giorno di più! Esatto, da quel momento non c'è più stato nemmeno un momento in cui avrei potuto definirmi "single".

No, non perché sono sempre stata felicemente in coppia, né perché sono passata freneticamente da un fidanzato all'altro.

Semplicemente, da quel momento ho imparato a dedicare il mio amore alla persona più importante, preziosa e meravigliosa della mia vita: me stessa.

E, pensate, ero anche ricambiata!

La prima vera crush, quella persona per cui dovresti perdere la testa, sei prima di tutto... tu!

Hai mai sentito dire:

Se non ami te stesso, come puoi amare davvero qualcun altro?

Bene, non è una banalità, né quel genere di frase un po' stupida che ti capita di leggere scartando un cioccolatino. Invece, credo sia una delle più grandi verità della vita, quelle da scolpirsi nella testa per non dimenticarle mai. Il giorno che capirai quanto è importante amarti per davvero, in maniera incondizionata, la tua vita cambierà. Scoprirai di essere capace di qualsiasi cosa, senza limiti.

È come ritrovarsi con un super potere, ti trasformerai in una Wonder Woman o in un Batman, e nessuno potrà più farti del male o mancarti di rispetto. Diventerai invincibile, esattamente come gli eroi dei film d'azione: sì, qualche volta il cattivo della situazione colpisce duramente, e il protagonista cade a terra ferito. Magari per un attimo ti viene da pensare: "Beh, questa volta è sconfitto, per forza!". Ma proprio quando il nemico sta per sferrare il colpo decisivo, senza pietà, l'eroe si alza. Magari è ammaccato e dolorante, ma si riprende immancabilmente e continua a combattere. E, infine, vince!

SUPERHERO

GIUDICI SEVERISSIMI...

Amarsi, accettarsi, volersi bene nel profondo è una delle cose più complicate che potrai mai imparare a fare in questa vita.

Lo so, adesso starai pensando qualcosa tipo "figurati se non mi voglio bene". Eppure se ti fermi un attimo a pensarci, capirai che non è affatto semplice, perché io non sto parlando di quello che provi quando passi davanti allo specchio prima di uscire e pensi che oggi ti piaci proprio, con quella felpa nuova e i capelli acconciati come solo tu li hai. No, sto parlando di quella forza che dovresti avere dentro di te, quella che ti aiuta a perdonarti ogni volta che sbagli. È una cosa molto più profonda. È quell'energia che ti esplode dentro ogni volta che qualcuno cerca di farti sentire da meno, ribellandosi e urlando che no, tu vali! *Quello* è amarsi.

È complicato e, purtroppo, molti falliscono nell'impresa.

I pensieri altrui, i giudizi di chi ti circonda e le convenzioni sociali spesso ti condizionano fino a farti dimenticare quanto vali. Tutti si comportano in un certo modo — fanno quello sport, frequentano quei locali, hanno quegli amici... — tranne te, e allora finisci per dirti "ehi, così non vado bene".

Capita di convincersi di dover fare grandi cose per meritare rispetto: ci prefiggiamo obiettivi impossibili, difficilissimi da raggiungere.

Siamo giudici severi, pronti a rimproverarci per quello che non siamo riusciti a fare.

Qualche volta è perfino peggio, e ci convinciamo di valere poco perché non riusciamo a raggiungere obiettivi prefissati dagli altri. Tipo che tutti si aspettano che tu faccia qualcosa, e se non ce la fai, allora disastro! Ma davvero lo volevi?

SULLA CIMA DELLA MONTAGNA

E se invece non riesci a raggiungere un obiettivo che era proprio il tuo? E magari si trattava di qualcosa a cui tenevi tantissimo? Non sei nella classifica dei migliori giocatori di pallavolo della squadra, il video che hai postato su Tik Tok non è piaciuto quanto credevi, la tua media di fine anno è più bassa di quanto avessi previsto. Ci credevi tantissimo, eppure non ce l'hai fatta.

Risultato, ti demoralizzi da morire, pensando di aver fallito in tutto. Non meriti nulla, sei un vero disastro… Eh, no!

Alt, stop, riavvolgi il nastro! È troppo semplice, così. Non puoi mollare alla prima difficoltà, arrenderti solo perché non hai raggiunto i risultati sperati.

Sbagliare è umano, questo lo ripetono tutti. Meno spesso, si ricorda che è anche utilissimo. Perché le volte successive dovrai trovare modi alternativi per scalare quella montagna — qualunque sia il tuo obiettivo, immaginalo così: come una montagna su cui arrampicarti — e raggiungere la vetta.

Forse dovrai metterci ancora più passione. E sai cosa accadrà, quando finalmente arriverai lassù (perché, sì, con la giusta determinazione ci

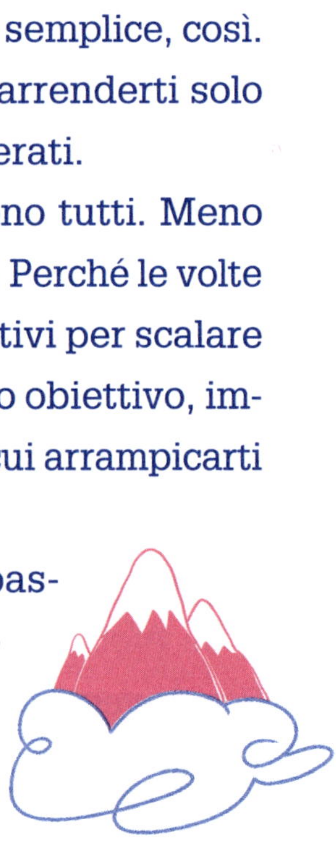

arriverai!)? Guardare il mondo dall'alto sarà ancora più gratificante, se per realizzare il tuo sogno hai davvero dovuto lottare...

Ma il fallimento è utile anche in un altro modo.

A volte ti aiuta a capire che quella non era davvero la tua strada. Ma se non ci avessi provato e non avessi sbagliato, come lo avresti compreso? Nessuna delusione e nessuna sconfitta è vana. Ogni volta che cadi e ti rialzi sei più forte. La tua armatura si fa più robusta, e tu ti ritroverai addosso una corazza indistruttibile.

AMARSI CONVIENE

Amare se stessi ha tantissimi vantaggi, anche nella coppia. Permette di capire quando non si è ricambiati per davvero. Perché se hai imparato sulla tua pelle che cosa vuol dire amare, sai perfettamente come dovrebbe comportarsi il tuo partner; e se la relazione non è sana, te ne accorgerai immediatamente.

E poi c'è un altro enorme vantaggio: chi è in pace con se stesso non opprime la propria crush con richieste assurde, anzi. È pronto a lasciarle tutta la libertà possibile, perché si fida e sa quanto è importante. Nella mia esperienza ho visto persone annullare se stesse in nome di un amore che, in quelle condizioni, non poteva che essere unilaterale. Finché non impari ad amarti incondizionatamente c'è sempre un piccolo rischio di ritrovarti in relazioni di questo tipo.

Potrei elencare ancora per pagine e pagine tutti i benefici che porta l'amare se stessi. Non solo nella vita di coppia o con un'eventuale crush, ma nella vita di tutti i giorni. **Fidati: amarsi conviene.**

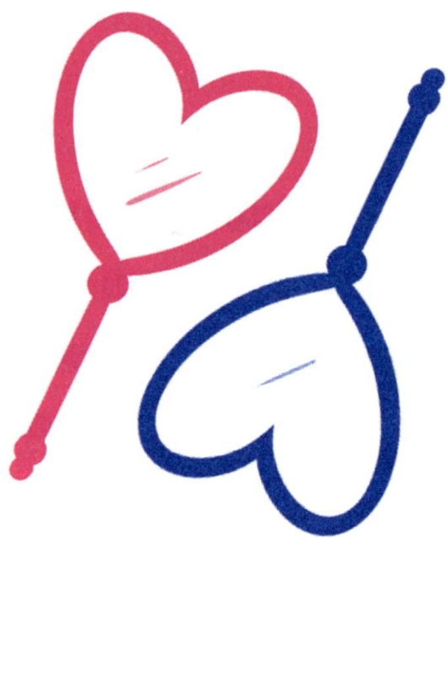

UNA MALEDIZIONE PER LA VITA

Ora immagina di dover vivere una vita intera avendo al tuo fianco qualcuno che non ami. È assurdo, certo, ma fai uno sforzo di fantasia e prova a pensare a come ti sentiresti. Sarebbe un inferno, vero? Ecco, ora pensa di alzarti ogni mattina, guardarti allo specchio e scoprire di non amarti. Non stiamo più parlando di un partner, ma di te stesso. Eppure il concetto è lo stesso. È la medesima condanna all'infelicità…

In questa vita vince chi si ama di più. Questo è l'unico, vero segreto per essere felici. E non commettere l'errore di scambiare quel sentimento per presunzione. Qualche volta giudichiamo le persone sicure di sé spocchiose e arroganti. Non confondere le cose, c'è una bella differenza tra l'arroganza e un sano e bellissimo amor proprio. Chi si ama, senza ferire nessun altro, sta solo facendo del bene a se stesso. Dovresti farlo anche tu, dovremmo farlo tutti.

TU SEI UN "INTERO"

Già lo so, ti starai dicendo: tutto giusto, in teoria. Ma in pratica?

Come si fa a dare a se stessi il giusto valore?

È un percorso lungo, che inizia quando comprendi davvero che nella vita meriti di essere felice. Ricorda che...

1. Non devi cambiare nulla di come sei. Vai bene così, con i tuoi pregi e i difetti. Questo non significa spegnere il senso critico, ma imparare a rivolgersi solo rimproveri costruttivi, mai distruttivi, inutili o mossi solo per deprimerti.

2. Se devi dirti qualcosa, fallo con le parole che rivolgeresti alla tua crush, con quella stessa dolcezza e delicatezza. Trattati bene e abbi cura di te.

3. Impara a perdonarti e smetti di giudicarti con severità: condannarti per quel che hai sbagliato non ti renderà mai migliore.

4 Sei una persona unica e straordinaria, e proprio per questo meriti solo il meglio.

Fai tue queste quattro dritte, e ti sorprenderai per l'incredibile positività che ne consegue, nella tua vita in generale e nel rapporto con il tuo partner.

In amore si parla spesso di trovare la propria "metà", e io stessa ho usato molte volte questa parola all'interno del manuale. L'ho fatto di proposito, proprio per accompagnarti fino a questo punto. Ormai lo avrai certamente compreso: non siamo delle mele. Non ci serve l'altra "metà", semplicemente perché siamo già "interi". Fai una cosa, l'ultima prima di chiudere questo libro. Vai davanti allo specchio e chiudi gli occhi. Riaprili e guarda chi ti sta davanti. È quella la prima persona che dovrai conquistare, quella che ti sosterrà sempre e comunque, il tuo miglior alleato. La tua metà.

La tua prima crush,
quella perfetta, sei tu!

INDICE

Finito di stampare nel mese di ottobre 2020
presso Cartoedit S.r.l., Città di Castello (PG)

Printed in Italy